U0106401

施志明、潘啟聰 著

風水命相大揭秘

萬里機構

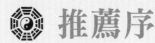 # 推薦序

風水，古稱堪輿，由來已久。就一般認知，即掌握玄學藉人為干預環境達至趨吉避凶功能之技術與信俗；若就廣義理解，實為先賢觀察宇宙運行、山川環境、歲時變化之數據，歸納與生物發展關係之學問，允稱古代之物理學。既謂觀察歸納，則不同時空與切點所得之結論必有差異，由是衍生各項風水理論，建立學派，相關典籍多若繁星。明乎此，歷代的風水學無非是田野報告或研究論文。由於玄學軌跡有其不變性，故數據也具客觀性與可預測性；惟數據詮釋則受社會、經濟、教育等因素轉變，各人對吉凶喜忌之理解便很主觀，致使操作存在偏差。在這「變與不變」、「客觀與主觀」、「可預測與不可預測」夾雜的背景下，讓風水學一直蒙上神秘的面紗。

為此，施志明與潘啟聰兩博士第四度攜手合作，分別以歷史學及心理學的專業視覺為切點，維持輕鬆跳脫的筆法討論傳統玄學的若干觀念，編成《風水命相大揭秘》一書。本書運用歷史文獻及社會心理學，就風水、相學及其延伸的文化信俗作疏理與解讀，使讀者對存疑已久、知其然而不信其所以然的觀念有新的認知。尤須注意書中埋藏了若干哲

理思辯，引導讀者對「定命與知命」、「願望與選擇」作心理和價值觀的反思，亟需反覆細味和體會，饒富意義。單是這一層佈置，已可反映兩博士之功力與用心，值得推薦給各位讀者。

畢竟風水學涉面廣泛，其中的哲理、實用與文化廣博精深，尋常讀者並不易理解，寄望兩博士以本書為基礎繼續努力，以學術手法詮釋傳統文化，於教於俗，均有裨益。是為序。

鄧家宙

香港史學會理事

書於恆泰樓

☯ 前言

筆者接觸命理掌相風水，主要是來自於家父。模糊的記憶依稀回到唸小學三、四年級的時候，……看着家父手拿老舊的《神相全編》、《八字入門》，似是正在研究出個道理來。我問：「這是甚麼？」年少，不太懂事，當然鬧着玩。父說：「看命運。」「命運是甚麼？」「將來發生的事。」於是，便要家父來為我算一下「命運」。然後，他便說着我的八字怎樣、天干是甚麼，地支是如何，然後拋下「紫袍玉帶」云云……我說：「紫袍玉帶即是甚麼？」他說：「能高中狀元做大官。」「我讀書不好，狀元當不了，又怎能做大官……」說着笑着，又過了一個下午。

知道自己人生未來，是好事嗎？還是有值得憧憬的未來，才是好事呢？

轉眼，回憶起當中學中文教師的時候，有學生拿着籤文，眉頭深鎖請我解籤。心想：「人去求籤，是有疑有難，繼而希望有『超自然力』（神靈、民間信仰）指引紓解；既然要『指點迷津』，按文意、配合學生背景及合理原則，導向正念，重建信心，繼續前行，不

就好了嗎？」於是，解籤後，那學生覺得很準確，大家再聊一下處理方法，然後他就昂首自信的離開。這真的是解籤文嗎？籤文是解釋了，但重點還是解心結吧。

這些瑣事層累地堆積起來，就會引起不少思考，舉凡解籤、掌相、算命、風水、化煞、趨吉避凶，這些事物發展演變至今，還是有一定用處和價值，也有其社會功能和心理功能；至少人從中能感受到「希望」，有改變的可能，心裏還是有點安慰和立足點。同時，人想了解自己，便在占卜星相之中尋找，或從中「相互肯定」，例如：說是「天賦具有創意」，但何為創意呢？人往往不了解，但卻能在自己經歷尋找適當的事例引證，作為自身肯定。

此之所以，古今中外，人遇困惑，便需要解惑，或者需要預測未來吉凶時，便交託占卜命理掌相風水，因而有市場需要和價值。於此，為部分心術不正之徒加以利用，也就產生了各種不同的「騙人技倆」、林林總總的「奇怪法事」，指說能藉此改變人生吉凶。

這顯然是個有趣課題，於是翻一翻書海，很快便找到白玉石居士的《命相騙術大全》一書。雖然說書名是「命相騙術」，其實認真細看，書中也牽涉大量的觀察學、社會學、心理學的行為，着實具有不少參考價值。故此，便向啟聰博士推介，繼而產生此書的主題構思、分工。

說來此書採「100% 非純學術」書寫方式，是自《香港都市傳說全攻略》爾來與啟聰博士的第四次合作。本書後半部由潘博探討相學和風水的心理學或應用原則；筆者則主要着力於前半部分，講述由來和演變。其中有一個重點，就是「選擇」，例如：相學是用來選擇合適的人才，風水（相地）是用來選擇合適的土地。故此在管理上，按人的才能（包括外觀）安排適當的崗位；按土地的質素、位置規劃適當的用處，這都是「選擇」原則。另一方面，在個人而言，相學、風水，都可說是了解自己的本質的行為，認清「能與不能」、「為與不為」，揀選自身合適的

道路、居所，也是「選擇」原則。選擇背後，當然是「趨吉避凶」。

説回頭，自問不太相信「條命整定」、「認命啦」、「你好命」等命定論，就好像人生已成定局，趨勢不容改變。那麼，人生的趨勢可以改變嗎？筆者認為心態變，行為變，趨勢可變。最後，「老套」一點説，能對人生有多少期許是好事，積極的為自己人生努力吧！

施志明

 # 目錄

第二部分　　　　135
心理分析篇

第一部分

歷史原由篇

一 相學

相學揭秘：相學的基本知識和來由

對天地的觀察，觀察人、掌與相，就是觀人學。透過觀察人的各種特徵，歸納原則，藉此預視個體的貴賤吉凶。「睇相」（看相），就是史書《漢書藝文志》所說的「形法」，共有六家範圍，當中提及：

「《山海經》十三篇。《國朝》七卷。《宮宅地形》二十卷。《相人》二十四卷。《相寶劍刀》二十卷。《相六畜》三十八卷。」可以看到有前兩書關於相地，之後分別是相宅、人、器物和畜等方法。被相「目標」，自然是當年人們生活中相當重要的事物。

「相」人的開端，起始相對簡單，按理應是判斷人是否達到普遍「標準」。譬如「相」初生嬰兒，就是觀察他（她）是否健全，骨肉、四肢、五官、性器官等是否「標準」，從而分辨或壽或夭。透過不同的觀察，古代有相應的方法處理，或「醫」、或「巫」，已經就是改其「命」的行為。一如我們今日，時代進步，對「相」人有着更多準確的認知，例如以超聲波「度頸皮」或近年的「T21」等產前檢查，以判斷胎兒是否健康等。如此，胎兒健康，平安出生，一切正常，就是「好命」的基礎。若然不好，……怎也是人的選擇。

此之所以，人的健康與否正與命運相扣，經絡健全不僅是健康標準，也影響人的心理。如果能在面部五官洞悉人體各個經絡器官好壞（這屬於由歸納案例，找出共因的「經驗論」），便可推斷出人的健康與否和心理狀況。所謂「印堂發黑，色澤不均」，也恰如中醫「望、聞、問、切」之手法。

配合日常生活，採取全身相（看形體），也是合理方法。男人身長肩寬，手長腳長，就是好相，代表能做事，用力於田，值得

嫁；女人頭圓身粗屁股大，即是好生養，能夠順利的傳宗接代，值得娶。説起來，有點像動物世界的擇偶條件，但這正正是原始本能。

不論選擇配偶，還是選擇人才，選擇「好」的，正是人的本性；吃好、住好、看好，也是人的本性。正如司馬遷《史記·貨殖列傳》所説：

> 夫神農以前，吾不知已。至若詩書所述虞夏以來，耳目欲極聲色之好，口欲窮芻豢之味，身安逸樂，而心誇矜勢能之榮。

至於違反人性的選擇，背後或許牽扯文化、宗教、社會、法制等因素。

説回頭，看官應該還是想知看相如何穩步發展。

相人之術的發展

「相人」之術，到了春秋時期有着顯著的發展。一則能找到明文記載古人對選賢任能上，已包含相人術的主要內容，例如《大戴禮記·少閒》中記述：

> 昔堯取人以狀，舜取人以色，禹取人
> 以言，湯取人以聲，文王取人以度。
> 此四代五王之取人，以治天下如此。[1]

第二，是能找到從事相人的專業戶的蹤影，如荀子〈非相〉：

> 相人，古之人無有也，學者不道也。
> 古者有姑布子卿，今之世梁有唐舉，
> 相人之形狀、顏色，而知其吉凶妖
> 祥，世俗稱之。古之人無有也，學者
> 不道也。[2]

荀子一開篇表明自己「相人……學者不道」的立場，然後便介紹古時（春秋時期）的姑布子卿、當時（戰國時期）的唐舉，世俗的人都對這些著名相士們稱讚有嘉。由此可知，看相之風盛行，希望由此看出吉凶。

專業戶的出現，學術上的觀點認為，與當時的社會環境轉變有關。

1　（漢）戴德：《大戴禮記》（《欽定四庫全書》本），
　　冊二，卷十一，〈少閒第七十六〉。
2　（唐）楊倞（注）：《荀子》（《四部叢刊初編》景上海
　　涵芬樓藏黎氏景宋刊本）卷三，〈非相第五〉。

首先，是過去的社會秩序嚴謹，每個人的身份地位，都是憑藉血緣因素做界定。今日的說法，即是生得命好——人出生後，貴賤、貧富、福祿，全因血緣關係的親疏遠近來決定。

歷史上，夏朝開始世襲制度，大禹傳位於子啟，改變原始部落的禪讓制（學界仍有爭議）。其後的商、西周，在封建社會下，各地部落貴族擁有絕佳的統治地位，貴族儼如高高在上，與下層的平民流動不足，這種天生好命的血緣（可說是「天命」），致相人之術毋須產生。但是，殷商被周推翻，天子、貴族地位並非不可撼動，及至西周末年國人暴動，打破神性不可侵犯的天子形象，王權爵位皆可更替。及至春秋戰國，天子地位大為下降，世代公卿可變為平民，其貌不揚的布衣卿相（即平民身份擔任卿相等官職）也陸續出現，逐漸打破過去公卿大夫的「天命」，「命好」也不一定有始有終，「命壞」也不見得「一世無運行」。尊貴卑賤，不再受限於世襲血緣，人可以憑着才能，加官晉爵。凡此種種，正正為相人之術帶來發展，逐步對應於富貴人家，繼而流入士大夫、公侯將相，乃至於皇宮之中。

古代的尊卑貴賤有樣睇？

前文提起相人之術的專業戶姑布子卿，他最有名的的看相事蹟，就是相評萬世師表孔子，下文就是收錄在《韓詩外傳》的評述：

> 姑布子卿曰：「得堯之顙，舜之目，禹之頸，皋陶之喙。從前視之，盎盎乎似有土（王）者。從後視之，高肩弱脊，循循固得之轉廣一尺四寸，此惟不及四聖者也。」子貢呀然。姑布子卿曰：「子何患焉？汙面而不惡，葭（豭）喙而不藉，遠而望之，羸（累）乎若喪家之狗，子何患焉？」[3]

3　引自《韓詩外傳・卷九・第十八章》，後續部分：子貢以告孔子。孔子無所辭，獨辭喪家狗耳，曰：「丘何敢乎？」子貢曰：「汙面而不惡，葭（豭）喙而不藉，賜以（已）知之矣。不知喪家狗，何足辭也？」子曰：「賜，汝獨不見夫喪家之狗歟？既斂而椁，布（器）〔席〕而祭，顧望無人，意欲施之。上無明王，下無賢（士）方伯。王道衰，政教失，強陵弱，眾暴寡，百姓縱心，莫之綱紀。是人固以丘為欲當之者也。丘何敢乎？」另外，見司馬遷《史記・孔子世家》的版本：孔子適鄭，與弟子相失，孔子獨立郭東門。鄭人或謂子貢曰：「東門有人，其顙似堯，其項類皋陶，其肩類子產，然自要（腰）以下，不及禹三寸。累累若喪家之狗。」子貢以實告孔子。孔子欣然笑曰：「形狀，末也。而謂似喪家之狗，然哉！然哉！」

這番描述，我想大家也理解孔子集名人的「奇」相於一身，「靚仔」當然説不上，但也不令人厭惡（不惡）。至於「喪家之狗」，並非污衊之詞，只是形容他的無所遇。不過，文中的「莫喙」指甚麼？猶如莫草般的嘴。如果是「貑喙」又指甚麼？熊的嘴？

相術有趣的地方，就是經常以禽獸比擬人類的形象，啊……不好意思，筆者更正，其實是草木蟲魚鳥獸也有。相物、相人，都是觀察，以動物比喻人，對當時的人來説，應是「簡單易明」。另一方面，在古人眼裏，禽、獸有貴賤，「附會」在人的身上，好像龍睛鳳頸、龍眉豹頸、燕頷虎頸、大獸之面（虎臉）、猿臂、足履龜文等，都是貴相或吉相；狼顧、豬喙、牛腹、行步如蛇、蜂目豺聲、雀腹豺聲、鷙膺豺聲、肩豺目鳶等，就是賤相或凶相。

筆者回想小時候玩三國遊戲時，最深刻的人物描述，莫過於司馬懿的「狼顧之相」（按：《晉書・宣帝紀》），即是頭部能旋轉

180°，身體不動而能向後望。説實話，狼能，但人不能（正常旋轉 35°，50° 近乎極限）。或許，這是就形態上説他心機極重、狡猾。但説到是形態的話，就是有些直覺判斷，多少要扣聯人的靈性與想像。

君王的面相，史書中的描述多是龍、虎、鳳，漢高祖劉邦「隆準而龍顏」、齊文宣帝高洋「鱗身重踝」、武則天「龍睛鳳頸」、明成祖朱棣「龍行虎步」等；説到這裏，君王確是有樣「睇」（看）。

但是，「不正常」人體比例的君王亦不少，如三國漢昭烈帝劉備「垂手下膝」、晉武帝司馬炎「髮委地，手過膝」、後燕皇帝慕容垂「手垂過膝」、前秦皇帝苻堅「臂垂過膝」……像長臂猿般的四肢比例，也都是君王特徵。説到這裏，君王有樣「睇」（看）嗎？

如此，相人之術的精妙，就在於與時並進，並不斷更新，修改漏洞，不斷完善。至於根據天干地支、三元氣運，乃至於五官上的表象，似乎也是後來的風水術士或星相家，將其他推命法的原理，配合自身經驗，「精妙」地硬套於相學之中。

最後，補一句，信不信由你。（下回分解）

相學發展也是哲學

二

一 相學

宜	忌
非相 改命 打拼	天命 躺平

聖人奇相，是早期相學的一大特色。同時，當常人對於美醜賢愚越來越重視的時候，荀子〈非相〉一文卻提出這種觀人術並不可靠，也算是具有時代意義。

相貌好壞的哲學思辨

如是者，荀子列舉了「不正常人物」系列：

蓋帝堯長，帝舜短；文王長，周公短；仲
尼長，子弓短。昔者衛靈公有臣曰公孫
呂，身長七尺，面長三尺，焉廣三寸，鼻
目耳具，而名動天下。楚之孫叔敖，期思
之鄙人也，突禿長左，軒較之下，而以楚
霸。葉公子高，微小短瘠，行若將不勝其
衣。然白公之亂也，令尹子西，司馬子
期，皆死焉，葉公子高入據楚，誅白公，
定楚國，如反手爾，仁義功名善於後世。
故士不揣長，不挈大，不權輕重，亦將志
乎爾。長短大小，美惡形相，豈論也哉！
且徐偃王之狀，目可瞻馬。仲尼之狀，面
如蒙倛。周公之狀，身如斷菑。皋陶之
狀，色如削瓜。閎夭之狀，面無見膚。傅
說之狀，身如植鰭。伊尹之狀，面無須
麋。禹跳湯偏。堯舜參牟子。從者將論志
意，比類文學邪？直將差長短，辨美惡，
而相欺傲邪？[1]

---

1 （唐）楊倞（注）：《荀子》（《四部叢刊初編》景上海
涵芬樓藏黎氏景宋刊本）卷三，〈非相第五〉。

淺白一點，表列上述古人的樣貌特徵：

堯：個子高、兩個並列的瞳孔
舜：個子矮、兩個並列的瞳孔
文王：個子高
孔子：個子高，像蒙上難看的驅邪鬼面具
子弓：個子矮
公孫呂：身高七尺，臉長三尺，額寬三寸，但鼻子、眼睛、耳朵都具備（面容外形比例奇怪）
孫叔敖：髮短而頂禿，左手長，身高在車箱的橫木之下（奇矮）
葉公子高：弱小矮瘦，走路時好像撐不起衣服
徐偃王：眼睛可以向上看到前額
周公旦：矮、身形好像折斷了的枯樹
皋陶：樣貌像無皮的瓜果、
閎夭：臉多毛得連樣子都看不見。
傅説：身形瘦得跟柱子一樣。
伊尹：臉上沒有鬍鬚眉毛
禹：瘸了腿，走路不穩
湯：半身偏枯

如果讀者「有幸」發現自己也是「奇相」一員，先不要想着自己也是「奇人」有「奇遇」，因為古人的「真相」長成如何，我們無法驗證，也不要盡信口耳流傳下來上三代的説法。（真正有文字記載，可考證的，始於殷商時期。）再來，就是「魁梧英俊，身材出眾」系列：

> 古者桀紂長巨姣美，天下之傑也。筋
> 力越勁，百人之敵也，然而身死國
> 亡，為天下大僇，後世言惡，則必稽
> 焉。是非容貌之患也，聞見之不眾，
> 論議之卑爾。[2]

透過紂王的例子，從而指出美醜不是命運
好壞標準。（補充說明一下，紂王是否真是
暴君壞蛋，近代已有新說指有「成王敗寇」
的情況。[3]）接着，文中提出：

> 今世俗之亂君，鄉曲之儇子，莫不美
> 麗姚冶，奇衣婦飾，血氣態度擬於女
> 子；婦人莫不願得以為夫，處女莫不
> 願得以為士，棄其親家而欲奔之者，
> 比肩並起；然而中君羞以為臣，中父
> 羞以為子，中兄羞以為弟，中人羞以

2　同上註。
3　顧頡剛曾論及加諸於紂王的罪行，從春秋時期開
　始，逐年遞增，有言：「我們若把《尚書》（除〈偽古
　文〉）中紂的罪惡聚集起來，結果，便可以看出他的
　最大的罪名是酗酒。…… 在戰國的書籍裏，他的罪
　惡驟然加增得很多，而且都是很具體的事實，……
　到了西漢，他的罪惡的條款因年代的更久遠而積疊
　得更豐富了。…… 到了東漢，似乎沒有新添的罪條。
　但《論衡》上引着一段話，卻把『長夜之飲以失日』
　的一段故事用二百四十倍的顯微鏡放大了。…… 自
　晉代以後，他有沒有再添出甚麼罪狀，我可不知道
　了。」見氏著：〈紂惡七十事的發生次第〉，《顧頡剛
　古史論文集》（北京：中華書局，2011），頁 299-
　306。

> 為友；俄則束乎有司，而戮乎大市，
> 莫不呼天啼哭，苦傷其今，而後悔其
> 始，是非容貌之患也，聞見之不眾，
> 而論議之卑爾！然則，從者將孰可
> 也！[4]

簡單語譯，荀子認為當年很多言行輕薄的
男子，奇裝異服，女生對他們非常着迷，
甚至不惜拋棄自己的老公都要追求他們
（這裏不是指某男團……）；正常的人不會
喜歡這種人，君主不會請他，父親、兄長
不會認他，朋友裝作不認識他；這種人很
快就會犯事，被人斬首，悔不當初。

荀子主要想指出，以形貌判定人的吉凶貴
賤，屬荒誕不經之論；倘若遭致不幸，僅
是見聞孤陋、思想卑下造成的結果。此之
所以，禍福吉凶皆因心術（志意）所致，
如何「修身養性」，才是他的核心思想。

說到這裏，樣子真的不重要嗎？其實樣子
奇特的例子，不見得是「真實」；樣子好
的例子，如紂王，則是被後人「加鹽加醋」
添加「罪惡」，也可能不是「真實」。舉例
不真，無疑也令〈非相〉一文的論證打折

---

4 同上註

扣。不過，荀子以「形不勝心，心不勝術」論點，指出「心術」的重要，並希望時人專注於心性修養，從而成就君子人格，其實也是觀人術上的一種進步 —— 是因「心術」，還是可以「後天改變」。

相有命定，還是可變的？

時至漢代，「多謝」董仲舒寫的《春秋繁露》，揉合陰陽五行建構起「天人感應」，為王權提供「授命於天」的理論基礎，自始影響着後世的「知識份子」。（關於董氏的影響，另可參看本書〈新界人，風水事〉一文）不過，相人之術雖然有附會陰陽五行學說，但仍少有以此論斷吉凶，仍是以形相作為標準原則。由此可以推斷，面相套用五行，及至相生相剋系統，應為後世加添的「理論」。

相學持續發展，東漢時期的思想家王充《論衡·骨相》及王符《潛夫論·相列》都有對「相」的問題進行「哲學」探討。他們同樣受到董氏及時局文化思想影響，但二人出身寒門，喜歡譏諷時俗，也帶出新的思想論調。

王充認為人之所以能降生於世，是受到天地與星宿的「氣」影響（以「氣」代「天」，來解決董氏多元意涵的「天」[5]所產生的邏輯矛盾）。此之所以，壽命的長短是受「天地之氣」影響，命格貴賤是受「星宿之氣」影響（值得一提，這種生而為人受當值星宿的影響的說法，也是後世命相學所加入的「理論」元素之一）。

按王充的說法，「人命天注定」，但會反映於人的形體，故此相人之術仍有效用，並且舉了兩個例子佐證：一、范蠡相越王「長頸鳥喙」，得知其人「可與共患難，不可與共容樂」；二、尉繚子相秦王「隆准長目，鷙膺豺聲」，可知其人「少恩，虎視狼心」；藉此說明形體的表象反映人命的貴賤、性格的善惡。

---

5 「天人感應」混同「天」的不同意涵，舉凡：1.「道德天」：天為仁德，人受命於天故亦具仁德，通過努力於人倫道德便能參天。（例見〈王道通三〉）2.「人格天」：有人格意志，與人一樣有「四氣」，有喜怒哀樂等，因應人事，示者災異譴告人君，以賞善罰惡。（例見〈王道通三〉）3.「自然天」：具有其常規，按自然的規律，而非神意的安排。（例見〈陰陽終始〉）其實這三種「天」很難做到邏輯一致性，主要是「自然天」並不能具「道德」與「人格」意志。故此，王充的突破，是通過「天道自然無為」的論述，回歸「自然天」，隔絕「天人感應」，也不會施以災異來「懲戒」世人。

既然「富貴之骨，不遇貧賤之苦；貧賤之相，不遭富貴之樂」，人命已有定數，那麼人所做的事功，看似變得毫無意義，「人生是黑白的」，還是應當好好「躺平」。

稍等，我們不妨比照一下王符的相人之法。他將相術分為：面相、手足相、行步相、聲響相等四種「外相」；又有「內相」，內相相法上較為隱微，善相的人能由外相觀人的「聲氣」，作為人之內相依據，繼而洞悉人的本質。〈相列〉有言：

> 若有其質而工不才，可如何？故凡相者，能期其所極，不能使之必至。十種之也，膏壤雖肥，弗耕不穫；千里之馬，骨法雖具，弗策不致。夫瓠而弗琢，不成於器；士而弗仕，不成於位。若此者，天地所不能貴賤，鬼神所不能貧富也。
>
> ……智者見祥，脩善迎之；其有憂色，循行改尤。愚者反戾，不自省思，雖休徵見相，福轉為災。於戲君子，可不敬哉？[6]

---

6 （漢）王符：《潛夫論》（《欽定四庫全書薈要》本）〈卷六〉，〈相列第二十七〉。

簡言之，他相人之術的面相觀察，重點是看骨法、氣色與部位，再綜合相關訊息推斷人的本質與禍福。他認為能夠從「相」看出人的「成就上限值」（期其所極），而非結果，成功與否在於人為的事功；至於吉凶徵兆亦非必然發生，修善改過（循行改尤），同樣能趨吉避凶。

咦，說到這裏，人生重燃希望，可以「七分靠打拼」喲！

特別提一下，按前人論述，其時手足相仍未成系統（相例不多），行步相以禮法為標準；以面部外形作為相法原則，由漢至唐則似乎沒有大的改變。[7]

最後，既然看相可以「知命」，但後天能夠靠人為「改命」的話，那看相的算是準還是不準？

7　有關漢代相人之學及理論，本文參考以下文章整理。詳見鄒金芳：《漢代相人術的原理與發展》（台灣大學文學院歷史學系碩士論文，2009 年）；李詠達：〈王充與王符天人關係論之比較——以《論衡‧骨相篇》及《潛夫論‧相列篇》為考察中心〉，《2015 第二屆中華文化與天人大同國際研討會》，頁 435-454。

三

一 相學

睇相佬的發跡？

東漢以後，魏晉南北朝是社會、政治均極為動盪的時期，相學進一步按王充稟氣受命、骨相知命等等延伸，也加入佛教因果觀念。社會品評風氣熾熱，如劉邵《人物志》的相學著述，將人的品德、性情、體質特徵、人倫規範及五行思想來綜合分析，建立五行相人體系。

傳統相學發展與社會

唐宋時期，推行科舉制度，使得相學、算命活動更趨熾熱。唐代讀書人往往會預卜仕途前程，至於失意科場的人，也可加入相士行列，並且援引八卦、醫術、風水、中醫等，cross over 其他方術。宋代相學、命理進一步深化成不同門派，當時的相學名著包括《太清神鑒》[1]、《麻衣相法》[2] 等。

明清時期，相學發展至另一高峰。是因明代城市經濟發達，庶民生活更為豐富，經濟活動頻繁下，更講求人際網絡關係，洞悉人事（人性、人的本質）風氣很盛，不止於士人與朝廷；至清代看相風氣更甚，加速看相世俗化。另一方面，引進印度、歐洲等地的命學，繼而衍生不同支派種類。同時，面對大眾對相術命理的認識提升，以相學命理為生的「專業戶」，兼營不同的方術來吸引顧客。（一如今日很多「師傅」們都說懂看相、風水、科儀、曆法，甚至還有塔羅牌。）

---

1 托名後周王樸的著作，由於自序部分與五代後周王樸的事蹟不符，且新舊《五代史》均無王樸善相的記述，故後世推斷此書應為宋初人士的作品。

2 或稱《麻衣神相》，麻衣道者與陳摶師徒合著，總結過去的相學理論並加以發揮，遣詞淺白易懂，民間流傳甚廣。

相士群體中，大概可分「江湖派」與「書房派」；前者無實學，嘩眾取寵、招搖撞騙；後者並非以看相謀生，純粹推究相理，在理論與應用層面皆有實學。此之所以，「書房派」花了不少功夫對相學命理匯合整理，例如：明代《永樂大典》（對各類書籍加以匯總）保留不少相學著作；[3] 康熙年間《古今圖書集成》[4]、乾隆年間的《四庫全書》對相術書籍也有系統地整理及去蕪存菁。故此，當中的相書可說是官方「篩選」下「認可」。那麼，以相學命理為生的江湖派相士，又有何發展呢？

相學，騙術？科學？

清末民初的面相算命有一批「專業團體」──「江相派」。這門派中的「江」字是指江湖，「相」字是指具宰相之才；他們

---

3 例如金代張行簡的《人倫大統賦》、無名氏的《月波洞中記》、托名南唐宋齊邱的《玉管照神局》，以及前文提及過，托名後周王樸的《太清神鑒》等相術著作，皆得以保存。

4 陳夢雷等編輯，屬現存最大規模的類書，將陰陽五行、八卦易象的相術典籍分門別類，彙編成《神相全編》。該書托名宋代陳摶撰，明袁忠徹訂正。論及相術的基礎理論、具體相法，對人的體形容貌、精神氣色、言談舉止以及女相等詳盡解說，並繪製插圖近百幅。該書收集了一些相學論著、名家的事跡，列舉不少相人記錄、相論、相詩等。雖然未超出麻衣相法的格局，但可視為相書資料彙編中的集大成者。

打着相面、算命、占卦的旗號，進行「命理分析」；為了增加「可信度」，於是有團體有組織地蒐集目標人物情報，裝神弄鬼來製造「奇跡」。故此，江相派在民國初年紅遍省、港、澳（粵語圈）。大家只要在網上搜尋「江相派」三字，應該能找到不少相關資料，大都是「詐騙集團」、「老千」的描述。

根據白玉石居士的《命相騙術大全》，書中收錄了于城關於江相派的來歷以及其集團經營的模式。文中指出他們是源起於清朝康熙、雍正年間的「反清復明」組織，與天地會、洪門千絲萬縷。此之所以，偽托明朝開國功臣劉基作「老師祖」，洪門前五祖之一的方照輿做「開山祖」，自此排起世系表，代代自設領袖（內部稱為「大學士」，對外稱之為「大師爸」），管理階層嚴密（下設：狀元、榜眼、探花、翰林、進士與舉人），強調師門傳承及門規，內部有晉升階梯，並傳授「法」與「術」。前者是指必學的心法，秘本稱《英耀篇》；後者是指裝神弄鬼的詐騙技術，秘本有《紮飛篇》與《阿寶篇》。聲言以看相算命為手段，替天行道。雖然有些是所謂的「正財」，但「不義的詐騙」所得的錢財更屬多數。其時，粵港兩地可謂「名相」輩出，

整理如下：

張雪庵（-1917）：人稱「通天教主」，綽號「玄機子」，範圍遍及省、港、南、番、順。
何立庭（-1928）：張死後接任掌門。遷至香港荷里活道，占卦算命，開設鴉片煙館。有李星南、傅吉臣兩大弟子。
李星南：以道術種金，善用女色，終被警察逮捕，港府判令出境。
傅吉臣：因誘騙人家姨太太，被同門唾棄。他流傳最廣的事跡，就是為「南天王」粵系軍閥陳濟棠看相，批出「機不可失」（一說是扶乩問吉凶），又說：「老蔣不行，汪精衞沒有福祿之相。」於是陳氏聯合新桂系軍閥，準備出兵反蔣，於 1936 年 6 月 1 日發起「兩廣事變」。結果，粵系空軍駕「機」投奔蔣介石。陳氏下野。

陳濟棠的故事，「玄妙」地正中了「（飛）機不可失」。不過，終歸是野史，坊間也流傳着不同版本，難以求證。

說到求證，綜觀現有的資料而言，「江相派」的來歷主要都是按于城的說法。筆者延伸思考兩個問題：第一、是幫會組織融入江湖相士行列，掩人耳目，方便行事？第二、是幫會集團為自己詐騙行為開脫，帶出曾有「正義」（反清復明）光輝的一面？如果不論真相，按于城說法為本，其實由本來為國為民、改變社會的革命志士，演變成不擇手段、騙財騙色、禍害良民的詐騙集團，其實算是一種悲哀。

説回民初的相學，面對力求科學實證風潮
（新文化運動），似乎未有受到「致命一擊」。
當年上至政府軍要員，下至平民百姓，仍
然以相術命理等來決定婚姻以及預卜吉凶
前程。故此，於 1928 年國民政府正式頒
布《廢除卜筮星相巫覡堪輿辦法》，要求各
地地方官員嚴厲取締「迷信」活動，將相
關「營業者」改營別業。如此，促使廣東
大量被視為「迷信」相關活動的相士，紛
紛「落難」來到香港繼續發展。對，睇相
佬也要「趨利避害」。

按常理，社會大眾愈見重視「科學」精神，
應當背離「迷信」色彩的相學命理；然而，
大眾面對社會動盪帶來的諸多困境下，如
何突破「命運」，期求得高人指點迷津（心
理需求），也是古今如一。如此，民國時期
為傳統相學另闢蹊徑，融入「西學」理論，
藉着醫學、心理學等判斷性格、能力，也
促成相學的現代轉型。新式相學著作有風
萍生《骨相學》、盧毅安《人相學之新研
究》、楊叔和《新相人學講義》和袁樹珊
《中西相人探原》等。

雖然如此，某些「專業」相士在回應大眾
願望的同時，經常「不幸」被洞悉為騙術。

筆者選了上世紀六十年代的一些報道，請大家做一下「標題黨」：

1. 〈前世財寶未來今生血汗先騙 老歸僑損失過萬 僅獲回水三千元 兩睇相佬行為卑劣被法官申斥判處各入獄三月不次罰款代刑〉，《香港工商日報》，1960 年 7月 1 日。

2. 〈鬼話連篇睇相騙錢金吊桶入獄四個月〉，《大公報》，1964 年 7 月 23 日。

3. 〈睇相佬佯言種金驅邪涉嫌騙取婦人三千元得手後即銷聲匿跡但卒被拘獲〉，《香港工商日報》，1964 年 11 月9 日。

這些算是很普通、典型的報道，不止如此，還有一些「專業」相士看不開，跟自己賭運氣，不得不視為「勇者」，如下：

4. 〈相學家根據三粒瘤 替毛澤東睇相 胸背兩瘤相對不得善終 下頷一痣主水險難免死于水〉，《香港工商日報》，1962 年 8月 17 日。

「勇者」是賭贏抑或賭輸，讀者不妨找一下毛主席死因自行決定。再來一則：

5. 〈睇相佬不堪貧病交迫 「醉霞仙」一躍升仙 道友在騎樓底服毒喪命〉，《香港工商日報》，1960 年 9 月 13 日。

最後補充一句，「睇相佬」不易做。

四

一 相學

女相：「旺夫」還是「尅夫」？

宜　圓潤　髮幼　貞潔

忌　蛇面　目白　淫邪

人的天性，愛美厭醜。先不要說人家膚淺，看不到別人「真實而美麗的內心」，因為「視覺」很真實，直接給予人第一印象。至於，近賢遠愚，這當然是正常合理的選擇，不過需要花上更多的時間，從不同行為上觀察才有結論，這已經不符合講求「速讀」的現代人。

相學看女相——趨吉

至於女生好命與否，通常跟能否「旺夫益子」掛勾，而現時坊間的相面之術，一般有以下的觀察。如下：[1]

髮質要幼：幼則代表夫妻運厚，粗則薄。

臉型夠圓：代表婚姻良好，下巴夠圓屬享受型，家庭觀念重，晚年運極佳。

額頭飽滿：額不能太低太窄，飽滿才能為人帶來好運。

眉清有秀：適用任何面相，眉毛清（不散亂、無痣）而略長過眼，眼珠黑白分明，予人精神飽滿，無往不利。

顴骨要凸：指顴骨凸出，有肉包顴，即表示能享夫福。

---

1 資料整理自〈你有旺夫益子相〉，蘇民峰命理風水網站（https://www.masterso.com/classroom/classroom6_1_02.php），2024 年 4 月 30 日瀏覽。

鼻頭有肉：代表正財鼻；鼻頭有肉（準頭），鼻樑高而直，可享夫福。

櫻桃小嘴：嘴細紅唇，易博得人喜愛，唇形夠正，旺夫益子。

綜合以上描述，符合以上條件的女生樣子應當不太差，筆者敢斷言此女不難「嫁得出」（出嫁）；至於旺不旺夫，益不益子，機率上同樣持「正面」偏向。當然，如果知道個性，推斷會更「準確」。

如此説來，相學發展至今，其主要功能之一仍然是選擇配偶。自古代爾來，已有不少女子娶來「旺夫」的例子，如《太平廣記》引《定命錄》，收錄了唐初馬周娶婦的「勵志」故事：

唐馬周字賓王，少孤貧……因至京，停於賣飯媼肆，數日，祈覓一館客處，媼乃引致於中郎將常何之家，媼之初賣飯也，李淳風、袁天綱嘗遇而異之，皆竊云：「此婦人大貴，何以在此？」馬公尋取爲妻。後有詔，文武五品宦已上，各上封事，周陳便宜二十條事，遣何奏之，……太宗怪而

> 問何所見，何對曰：「乃臣家客馬周所
> 為也。」召見與語，命直門下省，仍令
> 房玄齡試經及策，拜儒林郎，守監察
> 御史，以常何舉得其人，賜帛百匹。[2]

於是出身寒微的馬周，因「娶老婆，發大
達」，得到機會（受太宗重用），最後擢升
高官。明白了，選對人，原來真是可改變
命運的。

相學看女相——避凶

既然娶老婆會發達，那麼娶錯老婆也會出
事，導致家運不好。例如：

> 周郎中裴珪妾趙氏，有美色，曾就張
> 璟藏卜年命。藏曰：「夫人目長而慢
> 視，準《相書》，豬視者淫，婦人目有
> 四白，五夫守宅。夫人終以姦廢，宜
> 慎之。」趙笑而去。後果與人姦。沒
> 入掖庭。[3]

---

2 《定命錄》，收錄於（宋）李昉等編：《太平廣記》
（北京：中華書局，1960 年點校本），卷 224，頁
1719。

3 （清）陳夢雷（編）：《欽定古今圖書集成》（上海：中
華書局，1934 年影印本），明倫彙編人事典第十二
卷目部，第三八六冊，七葉，《朝野僉載》條。

故事之中，裴珪納了一名非常美麗的妾侍趙氏，帶她前往相士張璟藏卜算她的命運，張指她「黑眼珠太小、四周的眼白（「目有四白」）部分太多，將會是『五夫守宅』的命格，同時有很多丈夫。夫人最終可能因姦情敗露被休，宜謹慎」。趙氏嘲笑一番而離去。結果，趙氏一如相士所言，與人通姦，被休，送官治罪。（今日香港俗語有云：「帽事嘅！綠帽唔怕戴，最緊要除得快！」）

那麼，女人面相不好，會否招來惡運呢？古書也有相關記載：

> 王承昇有妹，國色，德宗納之，不戀宮室。德宗曰：「窮相女子。」乃出之。敕其母兄不得嫁進士朝官，任配軍將親情。後適元士會，以流落終，真窮相女子也。[4]

這次故事是唐德宗，他將國色天香的女子納入宮之後，因為她有「窮相」而不寵愛她，然後退回王家，並敕令她的家人不能將一臉「窮相」的她嫁給進士或朝官，免

4　（宋）王讜，周勛初點校：《唐語林校證》（北京：中華書局，1987 年），補遺卷 6，頁 523。

得影響到國運。後來她嫁給元士會,最終流落。從故事中德宗的反應可知,當時已經有娶了「面相不好」的女子,會「招來惡運」的概念。但停一停,想一想,唐德宗總該負一點責任,試問貴為帝王的他說她是「窮相」,還有誰敢說她「貴相」呢?這可不是她品行問題……

回歸現實,婦女的面相、品行問題,確是選婦時重要考量因素。大概在隋唐時期相學之中,說到女生的面相,更列出了九種不能娶的女人面相:

> 一曰蛇面,二曰頸傾,三曰蛇行,四曰雀趨,五曰鼻不高,六曰目白,七曰額上八文,八曰生髮,九曰雄聲。蛇面、頭傾共鬼語。蛇行、雀趨無財。鼻不高、目白,庫倉虛,額上八文、生髮不自如,凶。雄聲煞夫,難共居。右女人有九惡,不堪娶,大凶。[5]

說到這裏,面相分析婦女主要按傳統的

---

5 轉引自何佩容:《隋唐時期的占相文化與占相活動》(國立清華大學歷史研究所碩士論文,2010 年),頁80。

「賢妻良母」、「相夫教子」作為標準概念。同時，要預防「中伏」，避免娶凶相婦女。傳統相書如《麻衣神相》、《柳莊神相》對於女相鑑定，同樣是貴賤、刑克、賢德、貞淫、壽夭、產育等六個層面來評論。就以《柳莊神相》為例，書中明列「女性七十二賤」、「三十六刑傷」、「二十四孤」、「七賢與四德」。總之，女生面相姣好（達標），永遠判斷為旺夫、生子、守貞，並強調德操言行，如有不符則視為「賤格」，充滿「男尊女卑」的傳統觀念。

隨着社會進步，經濟轉型，近代女性的教育程度、經濟條件已經不下於男性，故此女性「覓得佳偶」亦非人生的唯一選擇。民國時期的楊叔和在《新相人學講義》一書有言：

> 要照時代方面來說，男女的地位是平等的，而婦女很早已參加到社會裏面工作，不是專門在廚房裏面了。……女子的能力和其貢獻社會的地方，我們不能低估了她的價值，所以她們的面貌的相法，是隨着時代而變遷，當然要另作一種看法。[6]

6　楊叔和：《新相人學講義》，頁 109-110。

傳統相書以女性的面相、聲音、步行、坐臥等方面來作出判斷,而新相書則增加以舉動、嗜好、遊玩、交際、裝束等來作分析。例如民國時期王定九著有《婦女貞淫辨別法》一書,分有三章:

(A) 章:〈各部生理貞淫辨別法〉(頭面到股腳),弁言中更聲言「現在本書是指導一般人辨別婦女真淫的,依據吾國傳統相術,凡男女的何等樣人?……全本中西相法與涉世以來留心觀察所積經驗」;[7]

(B) 章:〈各種表情貞淫辨別法〉(走路、態度、性情、交際、思想等),弁言指「用銳利的目光觀察,參攷正確的古今哲理心理學」;[8]

(C) 章:〈各類婦女貞淫辨別法〉(包括當時女醫生、女律師、女教員、摩登女等,都是接受現代化及教育的一群),弁言指「介紹三十四位社會上最廣大的女性給諸君,……現代社會人事交接最繁,娘兒善

7　王定九:《婦女貞淫辨別法》(上海:上海健康書社,1948 年),頁 1-2,(A)〈各部生理貞淫辨別法〉,「弁言」。

8　同上書,頁 42,(B)〈各種表情貞淫辨別法〉,「弁言」。

變頗感不易對付，……」[9]

綜觀此書辨別貞淫的背後概念，也就是「避凶」。

不過，時至今日，香港依然存在「是否剋夫」、「能否生子」等傳統相女標準（趨吉），避免娶面相不好的婦女（避凶）；儼如能「結婚」是勝利者，「不婚」就是失敗者。那麼，不妨看一看現代的玄學家對「老姑婆」（難出嫁）觀察的標準，如下：[10]

額高且闊：視之為「剋夫」，姻緣不順，出嫁亦是四十後，易離婚。

鼻高且大：鼻代表自尊，高且大即自我中心，眼角高，經常覺得男性不及自己，不屑與異性相處。

兩顴高凸：沒有男人緣，剋夫格，出嫁後也婚姻不理想，晚年孤獨終老。

9　同上書，頁72，（C）〈各類婦女貞淫辨別法〉，「弁言」。

10　資料整理自〈老姑婆有樣睇〉，蘇民峰命理風水網站（https://www.masterso.com/classroom/classroom6_1_30.php），2024年4月30日瀏覽。

法令深長：孤僻，年輕時若有又深又長的法令，代表自小失父愛，為人悲觀，難與人相處，也難出嫁。

人中特長：鼻與上唇間距離長，代表疑心重。對人有戒心，常拒人千里，難與人談情說愛。

這些樣貌特徵……其實出嫁機率一般都會偏「負面」傾向。

不要消極，補充説一個「勵志」故事，女主角：王政君。

她先是許配給人家，但尚未過門，男方突然猝死。哼哼，男的死了，找別的好人家嫁過去就好。後來她與東平王訂婚，但是婚沒結成，東平王也先「拿便當」了。婚事接二出亂子，她父親覺得應當為她求神問卜，占卜者説她「當大貴，不可言」。之後，送入宮中做低級宮女。……繼而成為皇太子劉奭妾室，懷孕，生下一子劉驁。三年後，宣帝駕崩，劉奭即位，王政君成為「皇后」。……或許讀者對她沒甚麼印象，但一般對她的姪子應有所聞，他叫王莽。……對，篡漢那位……

說回頭，王政君許二夫未嫁而丈夫全都身亡，按傳統絕對稱得上是苦命人，但後來卻能貴為皇后。按占卜者的「命定論」，只是因為王政君有「皇后命」，而二夫沒有「皇帝命」，又碰巧都是早夭之人而已。這樣一說，比對前文「馬周娶賣餻婦」一例，是「婦旺夫」合理，抑或「命定論」合理呢？或許，娶了順風順水就是「旺夫益子」，又或遇事不順就是「陀衰家」（窮相）、「紅顏禍水」。（一如俗諺：「『公』你贏，『字』你輸」。）

最後的問題，今時今日大家相信是自身命運決定，還是自身決定命運呢？

分叉的感情線，要看它在哪蔓延

| 宜 | 細軟 科學 變化 |
| 忌 | 粗硬 迷信 論斷 |

今日大家看着自己的手掌紋，大概會有一些概念：

生命線：從拇指與食指之間的虎口處，延伸至手腕為止的紋路。代表壽命、健康，愈長愈明顯表示愈好。

智慧線：同樣從拇指與食指之間起始的手紋線，看起來像分割手掌中部或至邊端。

感情線：橫形在小指下部、手掌邊端起始，伸延至中指與食指之間。

深刻明顯，代表用情專一。

大家可知道，這些認知是來自於西洋相學？西洋相學可分三大類，包括：「手相學」（Palmistry）、「骨相學」（Phrenology）[1]及「面相學」（Physigonomy）。其中以手相學方面的成就最大。例如「生命線」這個名詞，就是從英語中 Life Line 或 Line of Life 而來，自民國時期開始應用。手相的三條主線，在民國前會叫生命線做「地紋」，智慧線叫「人紋」，感情線叫「天紋」，概念上來自「天地人」三才。當然，還有五行陰陽，放在手掌各個部位，稱掌丘。然而，就應用層面而言，西洋手相實在普及太多。

西洋手相學的研究者之中，英國的奇路（Cheiro，或譯卡路，原名 William John Warner，1866-1936）是古今中外最著名的手相學家，其影響甚至可見諸民初相學，例如相士袁樹珊就在他的著述中，將奇路的著作加入西方和日本的手相書籍清

---

1 骨相學或稱顱相學，今日被視為「偽科學」，但學說直接促成了現代神經醫學、犯罪學的發展。有關學說對於現代知識的影響，可參看 Roger Cooter 著，張衞良、施義慧譯：《大眾科學的文化意義 —— 19 世紀英國顱相學及其認同組織》（北京：商務印書館，2011）。

單。[2]「融會中西」是民初相學的一大特點，是因社會視傳統相學為「迷信」，政府政策上也意欲取締相士專業戶；而援引文化強勢的西方學說，有助於中國相學發展走進更符合「科學原則」，故此不時以西洋相學或學說作為引證，重新肯定中國相術的重要，如袁氏在《述卜筮星相學》中〈手相學預測病源可補醫士之不逮〉一文提及：

珊按：僅以手爪形狀，即知各種病源，致令英法大醫，群來受教，手相學知有價值，於此可見一斑。所不解者，我國之相人書，論頭面，論五官，論腹背，論四肢，論聲音，論氣色，論骨肉毛髮，論行止坐臥，絲絲入扣，頭頭是道，古人謂為預知富貴貧賤，壽夭窮通，百不失一者，今人反視為迷信，敝屣棄之，惑已甚已（按：應作「惑已甚矣」）。幸我國醫士，大半識相，薑望而知之謂之神，為醫家四診之首，此種學術，因是或不致完全消滅耳。

2　袁樹珊提出一份包含西方和日本的手相學書籍清單，包括在西方相當著名的手相師 Cheiro 的 *"Cheiro Language of the Hand"* (1900) 一書。參見氏著《述卜筮星相學》，卷 4，〈手相學一書英德法日諸國俱有名著〉，頁 11-12。

將手相與醫理掛勾，無疑提高手相學的價值。但細想一下，這方面只能引證手相得悉人的健康狀況，再推測健康趨勢（算是個人吉凶），與「論斷命運」好像仍有些距離。除此之外，袁氏又將西方手相學與中國相術來作比較，試圖符合現代社會的合理解說，他在書中〈西洋手相學〉一文提及：

> 其書（《手相學》）論手云：「手形軟者，富于思想。手形硬者，意志堅固。手指關節光滑之人，作事決斷。手指關節特殊之人，作勢艱苦。長指方形之手，操持謹慎，思想發達。凡論理、論性，均適之。短指方形之手，賦性頑固，度量淺隘，主崇拜物質，不知其他。」吾國相學論手云：「手細軟者大貴，手粗硬者極賤。指嫩如剝蔥者食祿，指粗如竹節者受飢。指藏而纖者聰俊，指短而突者蠢愚。」雙方對照，莫不吻合。[3]

3　袁樹珊：《中西相人探源》（北京：北京燕山，2010年），〈西洋手相學〉，頁98。

其實中西比對下，中國傳統手相學主要論斷人的命運，而西洋手相則主要探討人的性格、習慣或健康。從民國相士不同的著述中，可以觀察到他們極力將西洋相術（學說）融入中國相術作解說。為了更符合「科學精神」，民國蘇州相士「阿清手相專家」黃龍更利用西方器械，以「放大鏡」（標準配備），甚至顯微鏡來觀察手相，他的著述《手相學淺說》提及：

> 鑑別手形（手相），全仗經驗，掌紋細微複雜，故看手時，最宜用「顯微鏡」，始可減少不必要之錯解誤會。[4]

一切顯得更科學⋯⋯對於相士各種科學化的嘗試，就是希望提高相術的合理性。這種相學改良，正正符合當時的社會思潮（參看〈睇相佬的發跡〉一文），相學發展觀念也因之改變。黃氏在著述中提及：

4　黃龍：《手相學淺說》（香港：心一堂，2013），頁110。

> 今世言手相學者，以闡明其人的性質
> 為主，而古代則重視起運命的預測，
> 兩者之間似甚異趣，而實有其共同
> 之點。[5]

由此觀之，在目的上而言，相士由「預測
命運」，逐漸轉向為「闡明性質」。時至今
日，相士對於不同的手相掌紋，都是以性
格作推敲。

分叉的感情線上的比對

今時今日，手相的三條主線應用範圍廣
泛，甚至在流行歌曲中出現。鄭秀文唱、
林夕作詞的〈感情線上〉應該不少港人也
聽過，而歌詞中有「分叉的感情線，正等
我為你蔓延」一句。大家唱一唱，哼一
哼，樂曲好，歌詞好，聲線好，當然教人
難忘。不過，這句歌詞如果是形容手相的
話，在相學上又代表甚麼呢？不妨來一次
港、台兩地比對。

---

5 黃龍：《手相學淺說》（香港：心一堂，2013），
  頁 5。

先是香港的蘇民峰師傅説法：

感情線末端形成三叉狀：表示這人會得到幸福快樂姻緣之外，同時獲取地位與財勢。[6]

感情線的支線上升到尾指：這人在愛情上得到好姻緣，不過要十分努力，才能獲得好的結果，和豐足的財富。[7]

再來，是台灣高山青的説法：

很會表現愛情相：感情線上有分支，雖然很短也是表示愛情的萌芽。支線開台代表

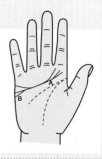

6　主要整理自〈美滿姻緣有掌睇？〉，「掌相知識」，蘇民峰命理風水網站（https://www.masterso.com/classroom/classroom7.php），2024 年 4 月 28 日瀏覽。

7　同上註。

有情人出現。愛情線的起點有二、三條如圖那樣的支線（記號 B）。……這種線相愈顯明的人，愈善於交際，有幽默感，愛熱鬧，有自娛娛人的本事。手很柔軟的人常常會看到這種線相，但從事粗活勞力的人，這種線相卻容易被隱蔽起來而看不出。這種線相乃表示交際上的表現力，或會創造幽默感氣氛的才能，也稱為幽默線。[8]

遭遇刻骨銘心之戀的相：由感情線分出來的支線延長而切斷生命線，就是表示遇到刻骨銘心終生難忘的戀愛，至於遇上的時間年

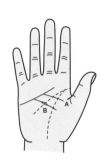

齡就要看此線切斷生命線的位置，依照生命線的流年來判定。這種長支線多表示經過一時熱烈的戀愛，卻不能發緩成良緣。這種切斷生命線的長支線，假如任何地方有島紋（圈子），則表示有不自然的三角關係（記號 B）。不僅是跟喜愛的人的三角關係，甚至

---

8 高山青編：《世界相命全集・手相》（台北：天相出版社，1986 年），頁 21-22。

於為了金錢關係而做出不尋常的交際往來。[9]

會陷於悲戀的相：

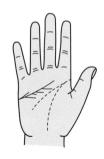

愛情線向下長出一些短支線，表示悲戀。這種支線愈多，表示愈會經驗戀愛或性關係，展開其多愁善感的愛情生活。這種向下的支線愈粗或愈長，表示所受到的愛情挫折愈深刻愈長久，但是縱合換了好幾個情人，一開始就不信其愛情，只是玩一玩時，這種支線就不會明顯出現。這種不規則的向下支線很長，其中有幾條竟然切斷智慧線時，表示誠心愛上的情人常常換，也就是表示傷心失戀的記號。[10]

港、台比對下，蘇師傅的說法描述不多，原因是訊息資料僅摘取自其官方網站，筆者未有深入其相掌著作；而高山青說法摘取自書籍，自必詳細得多；但筆者想探

9　〈手相〉，頁 23。
10　〈手相〉，頁 22。

討的，是手相的描述方式上的字眼，兩者都符合「預測」特點，例如蘇師傅的「得到……獲得……」，或寄語將來「得到……不過要……」預示添加一些行為可成就美事；高氏因篇幅較多，自必有更詳細的性格描述、行為預測，繼而預示未來；還有，當中手相描述已經剝離傳統中國手相術的字眼。

最後，兩者對於手相描述，可說符合現代人對看手相的「願望」。是因看手相的人，大多希望從手相的紋路線理，尋找人生線索，預測未來，又或者通過手相來了解或比對自己性格本質（符合行為心理？）。同時，現今相士達到「指點迷津」的功能後，也沒有將未來趨勢說定或帶模糊傾向（可謂「人無定相」），而且仍可透過行為而有「改變」的空間。這跟前述王符的「循行改尤」似是一貫？

補一句，命理非精密科學。

六

一 相學

整容與改變命運

宜 化妝 美容 真相

忌 整容 整形 破相

走在街頭，大家應會見過有些女生的面孔，呈公式化現象，眼大、臉小、鼻直、嘴小，美是美，但合起來……不太自然。近年女生好，男生也好，甘願在臉上「動刀」，或許是「為悅己者容」，也有單純「為己者容」，吸引人的注視，就是社會成功的法則。

整容與改命

或許這樣説有些武斷，但愛美是人的本性，外形的美也明顯在投身社會上佔有優勢及受人歡迎。此之所以，外貌至上是趨勢，美容、化妝，乃至整容，都是調整外觀的方法。至於整容，有着徹底根本改變面相的情況，故此面相如果代表命運的源起的話，按理整容自然會改變命運或人的未來趨勢；至於是福是禍，在不同玄學家眼中，有着不同的看法。

蘇民峰：

……「整容」對實際的命運就沒有甚麼幫助，但對心理上就有幫助。外國人時常講性格控制命運，但中國人如果信算命就相信命運能控制性格。基本上「整容」的人，都是對自己的面容和身體有不滿才去「整容」，例如：鼻樑特別低的人，自信心就不足的；或是單眼皮覺得自己不美，又或是覺得胸部特別細小而覺得自己身材不好，而無自信心，原來「整容」有增加自信心的作用，所以你自信心強

了之後，做任何事都容易成功。[1]

楊天命：

我認為是可以（改變命運）的，因為
人總是愛看美好的人與事，當外貌變
美，總會對人緣、桃花有所幫助，令
你更受人歡迎，對人際關係方面也
有所幫助，運氣自然也會有所提升。
此外，對整容者本身而言，也能增強
自信，其意志力和行動力也會隨之提
升，自然亦令自己在各方面表現得更
好。因此，對於整容這件事，我既不
讚成也不反對。畢竟，這只是個人選
擇，只要覺得滿意、開心，想讓自己
外貌變美一點，有何不可？但大家亦
要時刻記住，整容也有風險，並不保
證百分百成功，也曾出現過不少失敗
個案，因此決定整容前應深思熟慮，
不宜衝動行事。[2]

1 〈整容〉，蘇民峰命理風水網站，https://www.
masterso.com/classroom/classroom3_13.php
（2023 年 4 月 22 日瀏覽。）
2 〈楊天命專欄：玄學家眼中的「整容」〉，ELLA 網
站，https://www.elle.com.hk/astrology/plastic-
surgery-in-astrologists（2019 年 6 月 24 日刊登，
2023 年 4 月 22 日瀏覽。）

麥玲玲：

> 好醜命生成：從玄學角度來說，人的一生早注定，雖然當中有很多變數，但整容並不能改變整體運。看不了原相：整容過後，面相有所改動，想看相測命的話，多厲害的師傅也幫不了你。例如你本來鼻樑起節象徵婚姻運不佳，但磨平鼻樑以後師傅就看不了原相，反而可能說你姻緣不錯，導致測命不準。有可能破相：另外，於面上開刀可能導致破相，影響該年的運勢，原本相安無事，但整容過後或惹災禍，變成得不償失。[3]

簡述三位玄學家的看法如下：

1. 蘇師傅認為整容無助於命運，但可以提升自信，繼而讓做事容易成功。

2. 楊師傅認為整容可改命運，外貌變好，可改善人際關係，自信提升，各方面表現更好，但對於應否整容抱中立態度。

---

[3] 麥玲玲：〈玄術・面相淺談：一早「整定」〉，《文匯報》，http://paper.wenweipo.com/2007/07/15/OT0707150047.htm，（2007 年 7 月 15 日刊登，2024 年 3 月 20 日瀏覽）。

3. 麥師傅認為整容不可改命運，會使測命不準確，而整容或會破相，影響該年運程，抱持負面態度。

綜合而言，三位玄學家對整容能否改命各有意見。其中蘇、麥二人主張「命定論」，某程度上並不認同「整容成功改變命運」的例子。不過，蘇氏在這點上留下詮釋空間，指說會提升自信，易於成功。即是說整容成功後事事順利，是自信所致。至於麥氏則按面相部位判斷「可能破相」，從而預測影響該年運程。據 2011 年她曾在報道中言及：「整容失敗算係破相，如果左右臉頰不對稱，去到 40 幾歲時嘅運程會比較反覆，而下巴破相會影響晚運，到時要特別小心！」[4] 由於「整容失敗」類近「破相」，「去到」、「到時」是預測用語，即年紀愈大，整容副作用出現機率提升，假如有面塌、面目全非等狀況，就是應了「運程反覆」，也符合生物科學原則；而相學視下巴代表晚年，下巴整容失敗以致破相，自然也要「特別小心」，恐怕會影響晚年運程。

---

4 麥玲玲：〈玄學家：破相損運勢〉，《東方日報》，https://orientaldaily.on.cc/cnt/news/20110916/00176_013.html，（2011 年 9 月 16 日刊登，2024 年 3 月 21 日瀏覽）。

説到底，社會上面對同樣資歷條件下，「樣子討喜」會更有優勢，這也使得「整容」、「整形」更有市場。

整容人來個好相頭？

整個好相，來個好未來（好命來）。故此，台灣有相士提出「改面」建議，且最好的整形範本就是元朝開國皇帝忽必烈。理由是他方圓有肉、眉眼間寬闊、眼睛也很秀長，整個臉頰飽滿程度很高，是富貴之相。[5]

嗯，是的，即是英女皇天生富貴相的原理⋯⋯師傅明白了。如果相學是科學的話，面相好壞，就是用統計、歸納大量的相例進行分析，即是説帝王的面相、文官的面相、武官的面相、工人的面相、商人的面相等，歸納出一套規律原則，然後再以這套原則按人的面相判斷。

---

[5] 鄭筱璇：〈整形真的能改運？算命師曝超優「整容範本」〉，中時新聞網，https://www.chinatimes.com/realtimenews/20210325002817-260404?chdtv（2021 年 3 月 25 日刊登，2024 年 3 月 20 日瀏覽）。

例如大官的面相外形，圓潤、微胖、皮膚白皙，總體而言是樣貌工整勻稱。這是古代富貴之家、上層社會的狀況，人才選拔、夫婦擇配的原則也當如此，而後者牽涉生育，更有「優生學」的意味。雖然這種面相在近代審美觀而言某程度上並不太合用，但不至於產生惡感，或者我們會說這類長相有「福氣」。

如何才稱得上符合「現代的審美觀」、「俊男美女」的標準呢？《聯合早報》於 2018 有一則專題報道，引述一位金男昊醫生説：

> 可以參考韓國人相信的「觀相學」，而「觀相學」和中國幾千年流傳下來的「面相學」很相似。與其説韓國人有一套「完美男女的黃金比例」，倒不如説他們相信有「標準面相」才算完美。例如在韓國，女性的下巴要看起來柔美、沒有突出線條才算有女人味。男生下巴則應該有明顯輪廓，才會有「男相」。[6]

---

[6] 賴婉麗：〈整容：不再是不能説的秘密 為了變美，你會付出甚麼樣的代價〉，《聯合早報》，https://interactive.zaobao.com/2018/cosmetic-surgery-no-longer-taboo/（2018 年 12 月 2 日發表，2024 年 3 月 20 日瀏覽）。

例子不夠真確？我們可以參考韓國 2023 年熱門整容範本 ——高允貞（舊有範本為韓佳人、宋慧喬、全智賢）。雜誌 *Cosmopolitan* 的「名人花邊」報道中有整容師對高允貞的好面相進行分析描述：[7]

1. 她的臉型屬於上寬下窄的鵝蛋臉，五官舒服柔和，乍一看不驚艷，但屬於耐看型。

2. 寬窄自然的雙眼皮，與眉頭相齊的眼角，立體但又不是很高的鼻子。

3. 飽滿的唇部。

4. 鼻子也符合亞洲人該有的高度，山根、鼻翼、鼻樑都堪稱完美，鼻翼邊緣與內眼角位置基本垂直，所以側面弧度也好看。

5. 飽滿的蘋果肌恰到好處，不笑時，蘋果肌藏得嚴嚴實實。

---

7 〈《MOVING 異能》高允貞的 11 個故事！神似全智賢獲封「韓國最美整容範本」，充滿神秘感美人，其實私下超反差〉，https://www.cosmopolitan.com/tw/entertainment/celebrity-gossip/g42351191/go-youn-jung/（2023 年 9 月 14 日刊登，2024 年 5 月 3 日瀏覽）。

另一個重點，是報道中更指她是學霸，因樣子太差被欺凌，故決定「整形」，改變「命運」。這樣說來，韓國不少父母會以「整容」作為兒女的成年禮物，[8] 大體反映韓國現實社會現象或娛樂圈的處境，「整容」普及，人工「美貌」改變際遇是韓國社會的「可行方法」。或許，一如俗諺有云：「你的樣子如何，你的日子也必如何。」此之所以，整容改變未來，似乎有一定的數據支持。至於將來的整容後遺症，又或生育下一代的遺傳特徵，按理亦有因必有果。

延伸：回歸基本

面相、外形、性格、健康，是先天因素（遺傳因素），是「命」。這些都是有生物學、醫學等學問作解釋。例如父母同是眼睛大，兒女自必眼睛大，大家都是繼承父母祖先的基因；又例如兩個華裔父母，按理不會生出一個南亞裔的孩子。（帽事的。）

至於後天因素，則可以用環境學、社會學、經濟學等學問解釋。孩子會因應父母學歷、

8　Marx, Patricia, 'The World Capital of Plastic Surgery,' *The New Yorker*, https://www.newyorker.com/magazine/ 2015/03/23/about-face (3 May 2024).

識見、經濟條件等，開展不同的人生，某程度上可視為發展趨勢，即是「運」。例如父母從事教育界，子女從事教育的比例較高；同樣地，如工程界、醫學界、法律界，父母覺得行業仍有可為、不太辛苦，子女走向相同道路的機會也較高。一如古代常說的子承父業，又或者「士族」與「寒門」，儼然有着社會「階級傳承」。

如要改變階層，還得看社會因素。剛才說到子承父業等，面對家業逐步被取代、淘汰，難以維生，子女根本難以承接。又例如移居他地，本是當中文老師的，因為跟當地需求不相配，也只有另操別業。又或者社會政策改變，立例嚴打補習行業，如果是當補習的，當下又沒門路。教席多，教師少，投身教育界是有利；教席少，教師多，投身教育界就是不利。社會變，人變，人的價值就是在環境有需求而變得有價值，或因沒有需要而瞬間一文不值。人的行為能按時而動，順勢而為，順水而行，行事 be water，懂得見風使舵（隨機應變），即是人的「風水」。（這裏指洞悉環境變化，按環境作出改變，於後天行為而言。）

故此，人的行為可改變發展趨勢，「積陰功」（功德）、做好事，廣結人緣、社交好，更容易取得人際社交優勢，所謂「識人好過識字」；讀書多、學歷高、多張「沙紙」（證書，certificate）、見聞廣博，更易獲得晉升的階梯，「知識改變命運」，這些都是後天的行為可以改變的事。

「一命，二運，三風水，四積陰功，五讀書」[9]，這些都是影響人的一生的因素。說到這裏，人生有多少可以改變？

先天的生理條件，形體、面相、壽命，或多或少受父母祖先基因影響，按理不可變（未來醫學科技能改變「不良」基因，或者自殘、整形等，為後天行為），所以健康趨勢也會受制於此。但是，了解自己體質，可以透過後天因素，即是心理、思想、行為調整，改變發展趨勢。簡單的例子如下：

1. 天生油性皮膚（體質，命）；

2. 不處理長痘（先天的趨勢，運）；

---

9 語出清代滿族文學家文康著《兒女英雄傳》（又名《金玉緣》或《日下新書》）第三十八回。後來，民間在後面加上「六名，七相，八敬神，九交貴人，十養生，十一擇業與擇偶，十二趨吉及避凶，十三逢苦要無怨，十四不固執善惡，十五榮光因緣來」等，至於何人增加，至今無從考證。

3. 護理得宜（後天行為）；

4. 不長油脂痘（成功改變趨勢，改運）。

這就是可變的空間。面容外表好看了，信心好了，自然事事順利（有點相士的口吻）。如能對外表有要求，也可引伸到對其他事物有要求。同樣，洞悉自己的性格（本性），可以後天行為和修養改變性格缺點。若然要改經濟趨勢，要突破世代貧窮，也是同樣道理；「趨吉避凶」、「趨利避害」，讓自己的人生旅途變得更容易。

面相學憑藉面部特徵判斷人的吉凶、健康、智慧、個性，筆者於此引述學術界相關論文，整理圖表如下：[10]

名稱		位置	人格特質的對應	
三停	上停	髮際至眉間	對應智力高低，上代的遺傳，長輩的提攜及智慧、祖蔭、思考等精神面。	
	中停	眉間至鼻子	對應個人努力、人際關係、財務狀況、婚姻關係等。	
	上停	人中至頦	對應領導統御力、行動力、實質面等。	
五嶽	南嶽	額頭	對應智慧、記憶、思考、分析、邏輯、執行力及事業，父母、長輩等。	
	中嶽	鼻子	對應個性、社會關係、財務狀況等。	
	東嶽	右顴	對應企圖心、奮鬥力、魄力、工作能力、人際關係及權力等。	
	西嶽	左顴	對應企圖心、奮鬥力、魄力、工作能力、人際關係及權力等	
	北嶽	下巴	對應意志力、部屬關係、行動力、成就等	

10　湯德為：《面相學應用於台灣地區企業選才之研究》（開南大學企業與創業郎理學系碩士在職專班論文，2007 年），頁 31-36。

標準好面相
額部須豐隆寬廣，沒有傷疤痣斑凹陷，髮際整齊不沖印堂，日月角不偏高或低，色澤光潤明亮，兩耳金木不剋土又三星拱照者為佳。
眉彎長過目，昂揚秀潤，眉開展，居額，不鎖印，不壓眼，兩眼黑白分明秀長藏神，鼻豐隆不露孔，其勢有如懸膽，兩顴豐圓有勢，有顴有面鼻顴相配，耳鼻顴貫氣者為佳。
人中深長上窄下寬，法令明朗圓而深正，鬍鬚有情，口型良好，開大合小，有稜有勢，口角不下垂，色澤鮮艷，地閣寬厚有朝，腮頤豐隆飽滿，耳珠朝口者為佳。
高廣平滿如伏龜，無痣無斑紋沖破者為佳。
豐隆潤澤，準頭圓滿，不仰不露，蘭台廷尉相輔相應，上下貫通有氣者為佳。
飽滿，高聳，圓秀，不低，不散，不露骨，顴柄高插入天倉者為佳。
飽滿，高聳，圓秀，不低，不散，不露骨，顴柄高插入天倉者為佳。
開闊，方平，圓潤，無缺者為佳。

	名稱	位置	人格特質的對應	
五官	監察官	眼睛	對應心性善惡、精神反應、健康狀況等。	
	保壽官	眉毛	對應影響本身品格、人際關係、情緒等。	
	審辨官	鼻子	對應影響本身財運、性格、婚姻等。	
	出納官	嘴巴	對應影響健康等。	
	採聽官	耳朵	對應智商高低及性格等。	
十二宮	命宮	位在兩眉間（印堂）	對應影響一個人的基本運勢，生命力旺盛，氣量大小，性情如何？目前身體精神狀況？	
	兄弟宮	居兩眉毛部位	對應影響朋友同事等社會關係、感情及理智等。	
	夫妻宮	在眼尾（奸門）	對應影響夫妻及男女關係。	
	子女宮	在兩眼下（淚堂）	對應影響子女運、體力、道德觀等。	
	財帛宮	在鼻頭（鼻之準頭及兩鼻翼）	對應影響財運（女則夫星）	
	疾厄宮	在兩眼之間（山根）	對應影響身體健康、疾病抵抗力、災難應變力、服從性等。	
	遷移宮	位上額兩端眉際	對應影響遷徙與出門吉兇等。	
	奴僕宮	位在面頰下端	對應影響交友與部屬等關係。	
	官祿宮	位在額頭正中	對應影響事業、官位、學業等。	
	田宅宮	位眼與眉間之眼皮	對應影響個人家運資產、人緣聲望等。	
	福德宮	位眉尾上方偏外部	對應影響財運及福氣等。	
	父母宮	父位在左額中間偏上 母位在右額中間偏上	對應影響父母及長官間關係。	

標準好面相
眼珠含藏不露，黑白分明瞳仁端正，光彩射人，細長而秀，左右對稱
退印，居額，毛順，過目，尾聚，有彩，有揚，根根見肉者為佳。
鼻如截筒，豐隆潤澤，準頭圓滿，不仰不露，蘭台廷尉相輔相應，上下貫通有氣者為佳。
棱角分明，形如角弓，開大合小，唇上有紋，上下唇相副，色彩鮮豔，小水星有成者為佳。
耳厚硬而明潤，貼而不漏風，上與眉齊，下與鼻等長，輪廓分明，無輪飛廓反者為佳。
寬闊平滿，豐潤圓滿如鏡，無惡紋惡痣者為佳。
雙眉以清秀有揚，彎長過目，退印居額，毛順有聚，光亮有彩，覆蓋有緻者為佳。
肌肉豐實，皮膚潤澤，無惡紋惡痣，魚尾不凹陷，魚尾紋不多不少整然有序者為佳。
平滿光潤色黃，喜有陰騭紋者為佳。
鼻如截筒懸膽，聳直豐隆，中正不偏，準頭圓滿不墜，鼻孔不仰有收，蘭台廷尉及兩顴相輔相應，上下貫通有氣者為佳。
整個鼻柱豐隆端正，氣色明潤，無惡紋痣斑，無歪斜曲折凹凸之象，山根無斷折低陷之象者為佳。
天倉福堂驛馬山林各部位飽滿明潤，無缺陷痣傷者為佳。
地閣地庫有勢，腮頤豐滿端正，整個下顎部位無缺陷者為佳。
正看整個額四平八穩高廣豐滿，側觀中央部位豐隆稍高，且無痣斑　紋沖破者為佳。
飽滿豐腴，高廣清朗，無傷疵痣斑者為佳。
此部位肉厚骨實，豐隆飽滿，相互朝揖扶拱，氣色明潤者為佳。
日月角隱隱圓起，骨開肉潤，高低不偏，左右相稱者為佳。

名稱		位置	人格特質的對應	
其他	人中	位在鼻頭下，嘴巴上	對應心性狀態與道德修養	
	法令紋	位在兩鼻翼往下延伸	對應法制觀念及社會地位的象徵。	

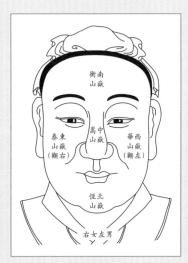

五嶽

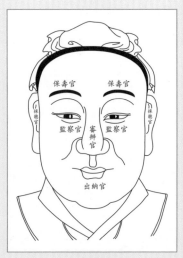

五官

標準好面相
人中深長上窄下寬，無傷，無破，無痣，無缺陷者為佳。
法令明朗圓而深正，長至地閣者為佳。

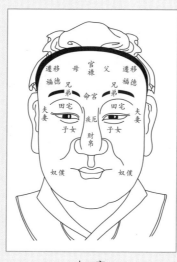

十二宮

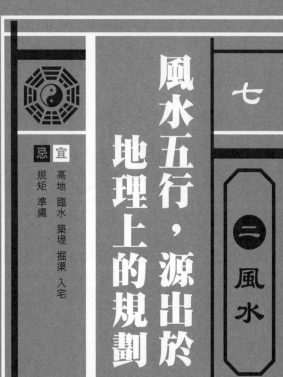

七

二 風水

風水五行，源出於地理上的規劃

五行，代表資源，就是地利。

今日說到五行，想必大家能輕易說出「金木水火土」[1] 或「水火金木土」[2]、是「五個方位」；五行又會是「相生相剋」，即是「木生火，火生土，土生金，金生水，水生木。」再來相剋：「木剋土，土剋水，水剋火，火剋金，金剋木。」然後，中醫會跟你說五行代表五臟（腎、心、肺、肝、脾）五腑（膀胱、小腸、大腸、膽、胃）。[3] 五行也可以與人的五常（智、禮、義、仁、信）相關。還有，讀書時聽老師說的「五德終始說」，可以預視王朝更迭……

是否五行發展得越來越精密，成為了不同範疇的「代名詞」呢？其實過去有不少學者探討過。當代新儒家徐復觀的看法，認為「通過《左傳》、《國語》，來看春秋時代的所謂五行，皆指生活中不可缺少的五種實用資材而言，決無後來所說的五行的意義。」

---

1 「金木水火土」的排序方法，出自《國語·鄭語》、《白虎通·五行》、《釋名·釋天》，或與聲調有關：平仄仄仄仄，陰平－金 gam1、下入－木 muk6、陰上－水 seoi2、陰上－火 fo2、陰上－土 tou2）

2 「水火木金土」的排序方法，出自《尚書·洪範》、《逸周書·小開武》。按此排法，可劃出五芒星。另有五行生成數（一六－水、二七－火、三八－木、四九－金、五五－土），出自《尚書大傳》、《太玄經·太玄數》。

3 五臟五腑均以「水火木金土」的排序方法。

這裏的話述，探討「定義」落在春秋時期，是將春秋之後越來越「精密」的五行「面紗」去除。那麼這五種實用資材又是甚麼呢？就是天子執政，確保人民在大地上取得的生產物資。

根據《尚書·洪範》中提及周武王向箕子問「常理」的次序，箕子回答上天賜（夏）禹治國大法有九類，其第一項就是「五行」，並解說箇中道理：

> 五行：一曰水，二曰火，三曰木，四曰金，五曰土。
>
> 水曰潤下，火曰炎上，木曰曲直，金曰從革，土爰稼穡。[4]

大概意思是：雨水落下，聚合成河水滋潤天之下方；火焰上燃，煙隨着熱氣飄往地的上方；木工匠燦烤木材，可以塑造彎曲或筆直之形狀；鍛冶匠熔煉金屬礦石，可以按人的想法，鍛造、熔煉不同形態的器物，更換其用途；土壤滋養農作物，能提供農夫種植其種子幼苗，待成熟時候，收割其果實、禾穗。

---

4 （宋）史浩（講義）：《尚書講義》（《欽定四庫全書》本），卷十二，〈洪範〉，「五行」條。

《國語‧魯語》：「地之五行，所以生殖也。」[5] 這裏的「地之五行」，同樣是指五種生產物資。然後，加上「穀」（即糧食），便合稱為「六府」。這個可以比對《大戴禮記‧四代》記述：「水、火、金、木、土、穀，此謂六府，廢一不可，進一不可，民並用之。」[6] 五行配「穀」，合成「六府」，顯然也是物資供應，而古代則各有專門人員處理相關問題。[7]

再來，看一下《左傳‧昭公二十九年》的記述：

> 夫物物有其官，官脩其方。朝夕思之，一日失職，則死及之，失官不食。官宿其業，其物乃至。若泯棄之，物乃坻伏，鬱湮不育。故有五行之官，是謂五官，實列受氏姓，封為上公，祀為貴神，社、稷、五祀，是尊是奉，木正曰句芒，火正曰祝融，

5　（吳）韋昭（解）：《國語》（《四部叢刊初編》本），冊二，〈魯語上第四〉。

6　（漢）戴德：《大戴禮記》（《欽定四庫全書》本），冊二，卷九，〈四代第六十九〉。

7　饒宗頤：〈神道思想與理性主義〉，《史語所集刊》（台北：中央研究院歷史語言研究所，1978 年），第 49 本，第 3 分，頁 499。該文已有言及「三事六府」。

金正曰蓐收，水正曰玄冥，土正曰后
土……。[8]

語譯一下，大概意思是：

凡是事物都有管理它的官員，官員發明創
制管理的方法。早晚思考，一旦失職，就
要喪命，丟官沒俸祿。官員安份從事他的
職份，所管的物事就會前來。若官員疏忽
職守，所管的物事就會隱伏，煩惱其不能
生長（產）。故此有管理五行的官，就是五
官，分別接受氏與姓，封為上公，祭祀時
作為貴神。社神、稷神和五行之神，受到
尊重崇奉。木正叫句芒，火正叫祝融，金
正叫蓐收，水正叫玄冥，土正叫后土。

再簡單說明一下，古代社會獲授氏與姓是
身份象徵，是榮耀。做得好資源分配，自
必受人敬重尊奉，如「神一般的人」（也有
解作「神祇」）。

由此觀之，「五行」被視之為萬物構成的重
要因素，所以解決這些問題，自然就是管
治有方，百姓安樂，社會欣欣向榮，王權

8　（戰國）左丘明，（晉）杜預注，（唐）孔穎達疏：
　《春秋左傳正義》（《武英殿十三經注疏》本），卷
　五十三，〈昭公二十九年〉。

也就安穩了。

換轉成今日的説法，政府規劃城市、鄉鎮，便應當有相應的配套，配合居民的日常生活，舉凡房屋、就業、教育、康樂及其他社區設施方面，均能滿足基本需要的，就是「五行」相配。

古代先民的「城市規劃」原則

人類生存，離不開水源，所以近代出土的考古遺址也引證了這個觀點。[9] 古代先民選址，順應自然，利用自然，選擇最有利的環境定居，所以在大河支流的丘陵、台地「穴居」（住山洞），即「近水高地」作為標準配置。[10] 選擇高地的原因，是臨河雖然有水源供應，但江河氾濫，就是災難，一如傳説時期的「大禹治水」，正是處理水患的問題。故此，先民避免洪水、治理河水，除了採疏導方法，也會居於適當高度的丘地。

9　例如半坡（西安渭河支流）、仰韶（黃河中游）、龍山（黃河中下游、淮河中游）、河姆渡（今浙江餘姚市姚江北岸）和良渚（長江下游）等。

10　杜正勝：〈從村落到國家〉，收錄於杜正勝：《古代國家與社會》（台北：允晨文化，1992 年），頁 103-104。

到了商代，先民已經掌握自然法則，建設宮室，分辨方位朝向，坐北向南，符合「風水」原則，而且設有溝渠系統，可見「排污」在古代城市中是不可或缺的一部分。[11] 所以，排污做得好，衛生自然好。但是，大家可以推想，古代河道日子久了，水源短缺，又或變得淤塞，若處理不善，可能要重新規劃，以至遷都。由高地的「穴居」，及至「宮室」的建置，再來「排污」的功能，都是古代一次又一次的文明演進。

時至春秋戰國時期，城市規劃理念成熟，在《管子‧度地》有提及：

> 聖人之處國者，必於不頃之地，而擇地形之肥饒者，鄉山左右，經水若澤，內為落渠之寫，因大川而注焉。乃以其天材、地利之所生，養其人，以育六畜。[12]

11　如果以近代考古發現為例，位於河南安陽小屯的商朝晚期殷墟遺址，建設的都邑在正洹水灣流凸岸處，地勢高出洹水一些（約 10 公尺），而且建築佈局出現「用單體建築，沿着子午線大體一致的縱軸線，有主有從地組合為較大的建築群」。劉敦楨：《中國古代建築史》（台北：明日出版社，1983年），頁 33。

12　（春秋）管仲：《管子》（《欽定四庫全書》本），卷十八，〈度地第五十七〉

從上所述，建立城市的地形，可歸納為：
一、地形平坦、肥沃；二、背靠大山，左
右有河流或湖泊，與大河相通，城內排出的
污水能順勢流入大河；三、利用良好的自
然資源，以保障居民衣食需要，繁殖六畜。

《管子‧乘馬》也有提出生態環境規劃都城
的基本原則：

> 凡立國都，非于大山之下，必于廣川
> 之上。高毋近旱而水用足，下毋近水
> 而溝防省。因天材、就地利，故城郭
> 不必中規矩，道路不必中準繩。[13]

可見是以功能性質的因素來考慮選址，地
勢只需要適中，能夠保障用水充足，且節
省溝渠之修築，配合生態環境，也可以
「不必中規矩」及「不必中準繩」。

隨着這些原則成熟，人們逐漸懂得相地、
相宅，甚至設有專責官員來選擇好地方，
見《周禮‧地官司徒》記述：

---

13 （春秋）管仲：《管子》（《欽定四庫全書》本），
　　卷一，〈乘馬第五〉。

以土宜之灋（法），辨十有二土之名物，以相民宅，而知其利害。以阜人民、以蕃鳥獸、以毓草木，以任土事。[14]

重視土地，有利於人民的生活及各種農業活動，是為立國之本。簡言之，環境因素平衡，能與現實需要相互配合，做到一應俱全，就是「好」地方；而這種由避災及安居等的實用主義，逐步發展成「趨吉避凶」，正好造就風水專業戶的出現。

説到這裏，篇幅所限，請看下回分解。

---

14 （漢）鄭玄注，（唐）陸德明（音義）:《周禮》（《四部叢刊初編》本），卷四，〈地官司徒〉，「大司徒」條。

八

二 風水

宜 相墓 得水 藏風

忌 迷信 求卜

風水佬出沒注意

相地、相宅、相墓，今日我們都會說成是風水。由商周時期始，相地、相宅由按實際的地理環境因素，逐步滲雜鬼神宗教思想。一則是氣候因素，四時變化等也影響着人的行為活動；二則是商代先民迷信鬼神，大小事宜也會求卜問道，擇居也是如此。*

---

* 程建軍認為：「對甲骨文的研究表明，其中有大量的關於建築的卜辭，如作邑、作宗廟、作宮室、作墉等等。作邑就是築城，商代甲骨卜辭中就有不少作邑的記載。」見氏著《變理陰陽—中國傳統建築與周易哲學》（北京：中國電影出版社，2005 年），頁 156-157。

相地、相宅、相墓到風水專業

其後，周代先民也將占卜結合地理與天文知識，如《周易・繫辭》記載：

> 是故，天生神物，聖人則之；天地變化，聖人效之；天垂象，見吉凶，聖人像之；河出圖，洛出書，聖人則之。[1]

首先透過了解天象之變化，預測人世間之吉凶，再將天上星宿與地域劃分區位互相對應，從而建構人世間與天文現象的互動關係。其次，測定日影、方向、土深（這種「圭表法」在後來進化成風水術中的測地尺）；第三，是「和陰陽、攻汭位」，將日影光暗、季節氣候、風雨及天文地理結合，作為綜合環境的整體考量。[2] 大家覺得相地是否複雜化了？不止，歷史中看到的，只會越來越「精密」。

及至秦代《睡虎地秦簡》，內有包括多篇關

---

1 （三國）王弼：《周易》（《四部叢刊初編》本），卷七，〈繫辭上第七〉。

2 俞孔堅引述《尚書・召誥》內容：「成王在豐，欲宅洛邑，使召公先相宅……攻位於洛汭。」指出洛汭即洛水彎曲的內弧位置，亦是風水術後期發展有關「水龍」選擇穴位的法則。詳見艾定增等：《風水鉤沉——中國建築人類學發源》（台北：田園城市，1999年），頁 20-21。

於土木建築的法則，例如門、圍牆、畜牧農舍及儲水井池的建築形式及選擇標準，而且更詳細的記述民間擇日擇時的各類要求，以及占卜預測的內容。到西漢，除了《周易》發展出來的玄學思想，要「多謝」董仲舒的「天人感應」等讖緯學說，使得原有相地、相宅術與陰陽五行、八卦干支「完美」結合，為風水術的進一步發展奠定基礎，將「天、地、人」形成相互感應關係。同時，相墓（即喪葬位置）的吉凶主張也開始出現。

大體上，從周至秦漢時期，關於風水相類或與之互動的學說，當時主要以「青烏」、「相宅」、「卜居」、「圖宅」、「地理」、「堪輿」等名稱，用來描述慎密考察環境，從而選擇小至居室、大至都城的理想地點的法則。

古代風水專業戶：
郭璞、楊筠松、賴布衣

時至魏晉南北朝時期，更出現了一些風水宗師，例如管輅、郭璞，以至《葬經》等重要風水著作，並有一批擅長風水術的隱逸之士。早期之風水學說，主要流行於陝西、河南、山西一帶。

其中郭璞的《葬書》雖確立了「風水」的定名，但書中所講的內容主要是墓葬（陰宅）風水。對於風水的解釋如下：

> 夫陰陽之氣，噫而為風，升而為雲，降而為雨，行乎地中而為之生氣。生氣行乎地中，發生乎萬物，人受體於父母，本骸得氣，遺體受蔭。蓋生者氣之聚，凝結者成骨，死而獨留。故葬者，反氣內骨，以蔭所生之道也。經曰：氣感而應，鬼福及人。……氣乘風則散，界水則止，古人聚之使不散，行之使有止，故謂之風水。風水之法，得水為上，藏風次之。[3]

意指必先覓得優質的「水」位置，再觀測「風」的氣流輔助。「風水」就是「以風輔水」。至於是否對人產生種種的實質影響，今日也難有具體的科學驗證；但古人對天、地、人三者之間的進一步的互動關係及進化，由死者再聯繫到生者和後代，日後風水名士都以此為依據。

3　（清）陳夢雷（編）：《欽定古今圖書集成》（上海：中華書局，1934 年影印本），博物彙編藝術典，第六百六十五卷，堪輿部彙考十五，第四七五冊，三四葉，郭璞古本《葬書》，〈內篇〉條。

風水之術，自唐宋之後，由北而南蔓延，並且開始在東南地區擴散，並興盛於江西、福建、廣東、江蘇等地。相傳江西有位稱號「司馬頭陀」的方伎（即懂得醫卜星相各種知識的人），走遍洪都諸山，鈐地[4]多達 170 多處，發現湖南有一名山，於是在山上建寺廟[5]。當時，有一名叫王智興的人，每天起床為其掃地。司馬頭陀對其非常感激，於是引着王智興外出，為他選出一塊地説：「葬先人於此，君當壽，而兩世至方伯。」其後，王智興因戰功而累升至侍中。[6]類似這些風水「實證」故事越來越多，使得江西風水自此不斷發展，而集大成者兼理論學説的奠基者，則為楊筠松。

楊筠松，名益，字叔茂，筠松是他的號，唐末時人，但《唐書》無傳。歷史對其身世錯漏缺失甚多，特別是其籍貫，略有爭議。一説楊筠松本祖籍竇州（今廣東信宜

4　古時堪輿師對於地區進行風水調查作調查報告，稱《鈐記》（例如明代調查昆明一帶的有《汪湛海先生鈐記》）。故後世以「鈐地」為堪輿術用語，簡言之即「相地」或考察風水寶地。

5　（清）高其倬、謝旻：《江西通志》（《欽定四庫全書》本），卷一百六十，〈方伎〉，「司馬頭陀」條。

6　（宋）佚名：《分門古今類事》（《欽定四庫全書》本），卷十七，〈墓兆門〉，「智興竹杖」條；王玉德：《神秘的風水》（南寧：廣東人民出版社，2005 年），頁 33。

縣），寓居江西，自稱救貧仙人。[7]二説為贛州人，[8]但同樣指出楊氏是因避難而南逃至江西贛州，並傳授弟子，自成風水一派。其時，楊氏風水之術遍及各縣，有虔州贛孚、虔化、雩都、南康、大庾、信豐、安遠等七縣。而現時主張楊筠松祖籍竇州為主流，至於稱他為贛州人士的，可能與他在贛州創立「形勢派」而被人附會杜撰有關。由此可見，當時江西地區風水學説已極為興盛。[9]

後世風水之術的發展，按清代時人筆記的記述，大體逐漸形成兩大派系流行於華南地區。一是楊氏的江西形勢派，以勘察山脈，按自然環境因素為主，廣泛傳播於江西、福建及廣東地區；二是福建理氣派，源於漢代圖宅術，流傳於福

---

7 （清）于成龍：《江西通志》（康熙），卷 43，12，〈方伎〉，「唐楊筠松」條載：「竇州人。僖宗朝國師，官至金紫光祿大夫，掌靈台地理事。黃巢破京城，虯斷髮入昆侖山步龍，一過虔州，以地理術行於世，稱救貧仙人是也。卒於虔，葬雩中藥口。」

8 影印文淵閣《四庫全書‧總目提要》，頁 39，有云：「筠松不見於史傳，惟陳振孫《書錄解題》載其名氏，《宋史‧藝文志》則但稱為楊救貧，亦不詳其始末。惟術家相傳以為筠松名益，贛州人，掌靈台地理，官至紫光祿大夫。廣明中，遇黃巢犯闕，竊禁中玉涵祕術以逃，後往來於虔州。無稽之談，蓋不足信。然其書乃為世所盛傳。」

9 周健新等著：《江西客家》（桂林：廣西師範大學出版社，2007 年），頁 122-123。

建中部（閩中）。[10]

我們今日仍然可以從一些善於相地、看風水的傳說故事，一睹（一聽）這些「神話」化的江西風水名師風采。例如賴布衣[11]，相傳他雖然是江西寧都人，卻長期在閩、粵一帶相地。按清人屈大均《廣東新語》載：

> 宋有厲布衣者，善相墳地。今廣東故家大姓，其始祖、二世、三世墳，多厲布衣所定穴。予宗有其二焉。諺曰：族有布衣墳，繁昌必有閭。[12]

---

10 （清）趙翼：《陔餘叢考》（上海：商務印書館，1957 年），頁 732-733，卷 34，「葬術」條有如下說法：「後世為其術者分為二宗。一曰屋宅之法，始於閩中，至宋王伋乃大行其說，生於星卦，陽山陽向，陰山陰向，純取五星八卦，以定生克之理。一曰江西之法，肇於贛州楊筠松、曾文廸、賴大有、謝子逸輩，其為說主於形勢，原其所起，即其所止，以定向位，專指龍、穴、砂、水之相配。二家之說俱盛行，而贛說較優。」從文中可知江西形勢派及福建理氣派的風水理論差異。形勢派理論主要在於勘察山脈、河流的走向、形狀、氣勢、潤澤或枯槁等等與自然環境有關的因素。唐代以後，此學派主要活躍於江西一帶，形成後來的江西派。理氣派則是源於漢代中原的圖宅術，後來興盛於福建。此派強調天干地支八卦方位，以及陰陽五行生剋制化的重要性。

11 厲布衣、厲伯韶、厲仙，又稱賴布衣，將厲稱為「賴」，與廣東土音有密切關係。

12 （清）屈大均：《廣東新語》，冊下（北京：中華書局，2006 年），頁 504-505。

「族有布衣墳，繁昌必有聞」的俗諺，對於廣東大宗族，可説是極為吸引的願景，從而也可以了解江西形勢派風水很早便在廣東一帶流播，並對相墓活動產生了很大的影響。影響之大，甚至香港的電視台也以賴布衣作題材拍成電視劇，如 1983 年的《賴布衣》、《賴布衣妙算玄機》及 1995 年《尋龍劍俠賴布衣》。

説到這裏，尋龍點穴，福蔭後人，確實是先人與後人的美好願景⋯⋯

附記：形勢派墓穴風水概略準則

如下：[13]

1. 應避免於山頂。

2. 四周有山巒或丘陵形成環抱。

3. 玄武山勢應雄偉且位於北方；青龍要比白虎山勢雄偉。

4. 若於「穴」觀之，則朱雀的適當高度約於觀看者額頭至胸部之間。

5. 若四周的「砂」（玄武、白虎、青龍、朱雀等）相當靠近明堂，則它們的高度宜低矮；若相當遙遠，則以高山為佳。

6. 若「砂」均為高山，則「穴」亦應位於較高之處；反之亦然，若四周的砂均為矮山，則「穴」亦應位於較低之處。

7. 若四周之「砂」其中一座高於其他者，則「穴」應位於距離其較遠處。

8. 若朱雀山勢較低，「穴」亦應位於地勢較低之處；若朱雀山勢較高，則「穴」應處於地勢較高的位置。

---

13 準則參考自韓可宗：〈風水專家主觀吉凶判斷與客觀地形特徵關聯性之實證研究〉一文，收錄《建築與規劃學報》第十六卷第一期（2015），頁 45。

9. 明堂應為較平坦的草地,其大小至少
   能供一人躺臥。

10. 在明堂與朱雀之間,應有一條向內彎
    曲的河流。

11. 河流不可正對着明堂。

12. 河水應流向後方的玄武。

13. 若河流位於右方,則穴亦應位於右側,
    反之亦然。

14. 河流的水量應與玄武之山勢成正比,
    如此陽(水)與陰(山)兩者才能維持
    平衡協調。

墓穴風水理想佈局

九

二 風水

新界人，風水事

宜 點穴 破土 安葬 祈醮

忌 天人 同氣 災異

新界人的風水學問，不少是來自江西人士於宋元時期入遷帶來的，他們為了求取天地與人之間的和諧，便會順應自然環境來趨吉避凶。故此，舉凡墓穴的選擇、圍村的設計、房舍的興建，都會講究風水宜忌。

特別是墓穴風水，他們認為先人埋葬的好壞，關係到子孫之後的吉凶禍福。打個比喻，父母骸骨是子孫的根本，子孫形體是父母的枝葉，一氣相應。所以，選擇吉穴，打造墳墓，厚葬父母，便可以令家族昌盛繁衍。這種神祕的「同氣感應」的理論，建立於血緣關係之上，認為祖先葬地的好壞，影響後代生活的吉凶。[1] 時至今日，新界的大族仍有着不少風水名穴，「名穴」與「新界大族」，儼如「互證」關係；故此，近代風水先生往往視新界風水名穴，作為墓穴風水的「藍本」，例如：日月合璧、鵝地、仙人大座、金錢吊芙蓉等。（見〈堪與推論玄妙神秘 移山填海影響風水〉，《工商日報》，1982 年 4 月 12 日報道）

江西人，風水事，就不得不提祖籍江西吉水的鄧符。他是鄧族遷入新界的始祖，相傳熟知風水。他在丫髻山、元朗山之間，尋得 4 個名穴，並且遷葬三代祖先：

---

1 《北區風物志》（香港：新界鄉議局出版，1994 年），頁 149。

1. 「遷粵祖」漢黻公採用「玉女拜堂」形的墓穴，葬於元朗橫州程坑領丫髻山；

2. 「二世祖」冠公採用「金鐘覆火」形墓穴，葬於今日元朗博愛醫院後小山上；

3. 「三世祖」旭公採用「半月照潭」形墓穴，葬於荃灣曹公潭荃灣金錢暖壺廠有限公司對面。

4. 鄧符自己，則採用「仙人大座」形的墓穴，葬在元朗橫州程坑嶺丫髻山上。[2]

由此可見，早期入遷的鄧族對風水極具心得。[3]

你懂風水，人家也可以學懂風水。翻查新界各族姓譜，也可以找到不少學習風水的故事。例如北港村駱氏族譜撰寫者駱炳文，他 17 歲到縣城求學，誤交損友，被人「標參」，擄至沙井，囚禁達 10 個月之久。後來被家人以千多元贖款將其贖回。其後，他投入風水大師潘海鏡門下，研究

2　（清）舒懋官（修），王崇熙（纂）：《新安縣志》（嘉慶），卷 4，〈山〉有載：「丫髻山在縣東南大井村側，兩峰並峙，相距百餘丈，中平如衡，下有鄧符基」。

3　上述各個墓碑，現時仍有碑誌可作考究。二世祖鄧冠公墓銘、三世祖鄧旭公墓銘、四世祖鄧符公墓銘，可參看蕭國健：《香港新界家族發展》（香港：顯朝書室，1991 年），頁 42-46。

風水之學。「日間登山以看古墓，考究龍穴砂水，夜看秘書」，苦學 5 年後，終於學有所成。[4]

又例如大埔仔溫善慶也有學習風水，根據其族譜記載：「…… 康熙十一年，即一六七二年，台灣海盜李其（奇）曾在蠔涌登陸進行擄劫。與善慶公為賊所擄，甚為吻合。祖本乃風水先生，亦習醫術。被擄後，匪首有疾治癒，乃得釋放……」[5]

風水之學，尋龍點穴，相墓相地，是傳統農業社會或宗族社會的「標準」學問。在此想特別說明一下「同氣感應」的由來。

多謝你，董仲舒

為何要「多謝」西漢大儒董仲舒呢？因為他弄了《春秋繁露》這「當世巨著」，董氏對天人合一及天人感應有着極為深刻的描述：

> 人之（為）人本於天，天亦人之曾祖父也，此人之所以乃上類天也。人之形體，化天數而成；人之血氣，化天

---

4 《北港村駱氏族譜》。
5 《大埔仔溫氏族譜》。

> 志而仁;人之德性,化天理而義;人
> 之好惡,化天之暖清;人之喜怒,化
> 天之寒暑;人之受命,化天之四時;
> 人生有喜怒哀樂之答春秋冬夏之類
> 也⋯⋯天之副在乎人。人之情性有由
> 天者矣。[6]

上文提及人之所以為人,是源自於天,天
如同人類的祖先,在孕育着人的發展,反
映董氏賦予天存在着孕育人的主體意志,
同時神格化天的存在價值。他又將人的形
體、血氣及德性,與天之規律相合而轉化
成仁義德性。天與人之間互相呼應,人的
體質及情性可以與天之運行規律相通,此
之所以「天人感應」。董氏同時提出:

> 天道之常,一陰一陽。陽者,天之德
> 也。陰者,天之刑也。⋯⋯天亦有喜
> 怒之氣,哀樂之心,與人相副,以類
> 合之,天人一也。[7]

打個比喻,加鹽加醋,會影響食物的真味;
而董氏將天附以陰陽五行相應概念,就更

6　(漢)董仲舒:《春秋繁露》(《欽定四庫全書》本),
　　卷十一,〈為人者天第四十一〉。
7　同上,卷十二,〈陰陽要義第四十九〉。

為添上神祕。一如專業術語愈多，人們愈覺得專業，同時也愈看不懂。不止於此，再加上喜怒哀樂之心，與人相同相類合，即是「天人合一」的觀念。

當然董仲舒發展「天人感應」及「天人合一」的想法，在原意上，一方面為皇權的「授命於天」建立正統關係，將天子權位與天連結，藉此彰顯或提高「合法性」，也符合「大一統」的願望；但另一方面，也可藉災異之說法來預防皇權的無限擴張。故此，他提出：

> 凡災異之本，盡生於國家之失。國家之失乃始萌芽，而天出災害以譴告之，譴告之而不知變，乃見怪異以驚駭之。驚駭之尚不知畏恐，其殃咎乃至。[8]

即是說當權者決策失誤、政治衰敗時，上天就會令「災異降臨」警戒「天子失德」，一如俗語所說「舉頭三尺有神明」，故此皇帝便要發「罪己詔」（反省詔書）。結果是，董氏創立的「天人觀念」，帶出人與自然間

8　同上，卷八，〈必仁且知第三十〉。

的互動關係，而這種核心想法，在漢武帝罷黜百家獨尊儒術之後，重整了文化思想體系，也令往後眾多「知識份子」站在董氏「理論」肩膊上，將「天人感應」及「天人合一」的思想融和於不同的學術知識之中，「主導」漢文化圈二千年的自然觀念。

所以話，多謝您，董仲舒。

風水受破壞，薹符幫到你

「天人感應」也好，「同氣感應」也好，都是人們相信自然環境下產生連動關係。所以，山嶺、溪流、樹林、屋宇和墳基，只要各安其所，和諧配合，並且受有關諸神的庇護，在附近生活的人口和牲畜，也得到平安大吉。此之所以，受到外來力量侵擾，如移山填海、修築道路，或斬伐樹木，會引致地勢改變，泥土暴露，就會使土地諸神不安於位、凶殺作亂，對附近人畜的「生理」和「心理」帶來不良影響。簡單而言，就是「破壞風水」。那麼，有補救的方法嗎？哼哼，當然有，就是——「薹符」。方法簡單，就是透過相關「專業人士」，例如「喃嘸」（正一道士）或「風水先生」設壇祈讓，藉以安撫受擾的神

靈，並用符咒鎮壓惡煞，減少其對人畜的影響。[9]

「蘸符」的儀式，一般在受影響地域或有關鄉村的祠堂前舉行。在擇好吉日、良辰後，由聘請的喃嘸（或風水師）主持，有關村長父老，也一同出席。「祭壇」是一張鋪上紅布的長木枱。器具包括一個盛滿沙粒的瓦盆、五枝新削好的竹枝、紅繩、紅布及金銀紙葉。祭品上，包括米酒、茶、白飯、燒肉、熟雞、生果及寶燭，預先擺好在枱上。另外，尚有一隻活公雞，用繩繫於枱下。[10]

法事開始的時候，先由喃嘸（或風水師）燃點香燭，一邊念咒，一邊注酒和茶於碗中，並且將燒過的咒紙灰置於碗內。然後，取出竹枝，在燭火上稍炙後，以筆墨寫上咒文畫符，例如：「敕令，東方土公陳貴先在此收伏凶神惡煞，不得動作。」下部兩旁則寫「太陽在此，百無禁忌」字樣。寫完之後，再在火上稍炙，用紅繩將小塊紅布及金銀葉繫於其頂。其時，拿出活公雞，用鐵釘插其冠，將滴出的血灑在竹枝

9　饒玖才：《香港舊風物》（香港：天地圖書，2003年），頁178。

10　同上註，頁178-179。

上，這樣代表竹枝附上「法力」，成為「竹符」，再將其插於沙盆中。其他四枝同樣處理之後，分別寫上南、西、北、中土公的不同名字。[11]

然後，由道士帶領村長父老，帶竹符往受影響地方，插於土中，並於紙上寫上有關工程開始時間，就地焚化，象徵「通知」有關神靈（土地、井神、樹神、鄉村或基地）。竹枝之一會掛於祠堂正門簷上。最後，道士散黃色小咒紙和燒爆竹後，儀式才告結束。[12]

時至今日，薑符儀式仍極為普遍。事緣自1960 年起，港府大力發展新界土地，而工程往往涉及收地及清拆行動，產生不少因影響風水而來的「衝突」。於是，在施工前按申索人提出的申索，向受影響的原居民鄉村發放薑符費用。政府的目的，當然是為了維持與村民的和睦關係，人心安穩，繼而就會順風順水，便可加快工程進度

11　同上註，頁 179。
12　同上註。

了。[13]（見上圖：〈　衣廟前興建警署　鄉會決定不採反對　當局原則同意負擔免礙風水費用〉，《華僑日報》，1985 年 3 月 16 日報道；〈本港大部人仍相信風水　政府建築商每年因風水耗費大量金錢〉，《工商晚報》，1980 年 11 月 27 日報道。）

Well, time is money.

13　另外，若新界原居村民及本地漁民的墳墓、金塔和供村民拜祭的神龕因工務工程影響而須遷移，政府會考慮發放特惠津貼。據《香港政府新聞公報》〈立法會五題：與風水有關的補償申索立法會五題：與風水有關的補償申索〉，2010 年 12 月 15 日發佈。

十 二 風水

前為陰宅土，後為豪宅地

宜 忌

宜 破土 安葬 生墳 修墳 行喪

忌 動土 起基 蓋屋 置產

早前上網，偶爾見到有風水師指說香港的墳場選址大多符合風水原則，並表示是由風水師選一塊吉地來興建墳場；然後再指說風水佳墳地的原理，前有明堂水，後有靠山……等等。

筆者並非風水專業戶，但若說香港的墳場是風水吉地，其實並不符合香港城市發展規律……

香港陰宅墳場的由來

「墳場」概念在香港出現，實與近代英國歷史有關。在十七世紀末至十八世紀初，英國中產階層大多以墓地毗連城市、城鎮教堂，作為安息場所。至十九世紀初，英國社會日益關注城內埋葬問題，當葬者數量愈益增多，致不時出現屍體外露情況，繼而產生公共衛生問題，於是開始在鄉郊設置公共墳場。[1] 此之所以，在香港開埠初期的城市發展中，墳場、墓地的建置都是在城市「邊陲」。例如 1845 年正式開放的香港墳場，就是早期離世英人土葬的 Happy Valley（這「極樂之地」，早於 1841 年 6 月安葬首位離逝者 William Brodie），並逐漸發展而成「永久墳場」，供歐洲基督徒下葬，後中譯為「快活谷」；跑馬地，實屬後話。

城市邊陲，其實就是與核心城區不遠的地方。說起「墳場」，早在 1841 年 8 月建置的有一塊天主教墓地，位於今日灣仔的日、月、星街和聖弗蘭士街（St. Francis Street），即當年進教圍（St. Francis Yard）

1　陳子安：《殯禮為安——東華三院現代化殯儀服務史略（1971-2022）》（香港：東華三院公共服務部，2023 年），頁 37。

一帶，作為安葬天主教徒的場所。只是（死亡）人口太多，供不應求，於是在1848 年正式遷到與香港墳場為鄰的跑馬地（黃泥涌）──即天主教墳場現址。

跑馬地是好地方嗎？在早期英國人眼中並不然，跑馬地（黃泥涌地段）屬沼澤地帶，一有瘴氣，二有蚊患瘧疾。以上兩點，在早期城市規劃上也只能建墳場、馬場，「都市化」已經是 1930 年代的事，當時政府為開拓道路，飭令黃泥涌坑村居民一律他徒。（見〈黃泥涌村民慘狀〉，《香港華字日報》，1930 年 4 月 7 日報道）。

△黃泥涌村民慘狀

當道飭令黃泥涌坑村居民，一律他徒，政府收回，為開拓道路，村民得聞消息，乃聯袂舉人代表周滌臣、請求代向當道呼籲、收回成命，詎知畢竟進行、而工務司則於前星期五日、飭員前往、將該村中之三大棚廠拆毀、繼將棚料村之一炬、閱村居民、恐事蔓延、復於日昨聯同三十餘人、往鍋周代表、詢其故、覺裁推下坑中、閱村周民、將事以告、周氏即電商華民政務司活、復命村民往鍋華民、請求善後、若政府確須收回該村、則懇賜以別地、俾村民有所賴也、聞華民允代告工務司、請停止派員前往、至他邊間題、日間方可定奪云、

不得不提，由於早期港府未有完善的殯葬政策，特別是華人未有公共墳場的情況下，華人的主要墓地就安排在上環一幅山坡（留意還不是墳場），故此在旁邊的街道稱為「墳墓街」（後又稱「聖士提反街」[2]），而臨近建於 1856 年的太平山街廣福義祠則類似「臨終房」，成為病危或彌留者落腳點。或許，臨終治療加上「蓮花」配上「清瘟」配方，作為最後的「祝福」。假如，能走出來的，便是逃出煉獄的人；抬出去的，便是進去地府的人 —— 葬去墓地。說是墓地，當年那邊就是山墳處處，遺體隨意下葬，衛生問題惡劣，至 1869 年「見報」，引來政府介入；同年，改為今稱的「普仁街」，並且在魔星嶺設立華人墳場，並且催生東華醫院成立。[3] 故此，有時仍會聽說那邊鬧鬼，一是來自地緣上的歷史，

2 其名來自於「聖士提反堂」，該教堂於 1866 年落成，1888 年拆卸。

3 當年《德臣西報》指疫症每日殺死 30 個華人，但遺體只隨意葬在山坡下，深不及兩米，且沒有蓋上棺木，大雨過後，腐爛的屍體被沖至馬路。另外，有關東華醫院的成立背景，可參閱冼玉儀、劉潤和：《益善行道：東華三院 135 周年專題文集》（香港：三聯書店，2006 年），頁 4-33；丁新豹：《善與人同 —— 與香港同步成長的東華三院（1870-1997）》（香港：三聯書店，2010 年），頁 12-25。

二是可見的有義祠、醫院、壽衣店、棺材店、紙紮舖等（可謂「死亡一條龍」服務）。

說到這裏，建墳場墓地會考慮風水好壞嗎？似乎不是。

例如雞籠灣西義葬墳場的建置，源於 1874年 9 月 22 日的「同治甲戌風災」，死者達 2,000 人，是香港史上其中一次最嚴重的風災。該墳場範圍大概在今日的華富邨一帶。

隨着社會發展，以及嚴重災害的出現，例如 1890 年代的鼠疫等，使得城市邊陲的墳場因時代需要而不斷擴展；墳場也因時過境遷，面對城市發展需要而搬遷。1950年和合石公共墳場正式啟用，此後港府決定將雞籠灣東西墳場墓穴骨殖也遷往和合石和沙嶺。同期，因應都市化下一起遷走的墓穴墳地，有九龍半島何文田、老虎岩（今樂富）、馬頭圍和秀茂坪等。

墳場也可以搬離？確實如此，香港土地是承租制度，舉凡今日土地買賣，其實都是租用性質為主，有年期限制，也有土地收回條例，好處是為城市發展有需要時，政府能有效管理有限土地資源。例如《香港華字日報》在 1907 年 11 月 13 日〈潔淨

局會議〉報道中提及租用墳場及批准閩人
葬地事宜：

● 潔淨局會議　初七日下午潔淨局聚
會，第一款是提議雞籠灣華人墳場之
事，經已畫有一圖，由輔政司付與潔
局各員閱看，擬於一千九百零八年正
月一號開設墳場，中有地數段將租與
東華醫院，以為收葬死者之用。

● 第二款是提議閩人葬地事，前有來
函言及在九龍城有地一區為閩人墳
場。今日將圖置在桌上，當眾開議。
本港南北行商吳理卿前者，求政府批
准以九龍城一百五十英畝地一區，為
葬閩人墳場。若果此地不合潔例，吳
某願將此地交還政府，改換別地，務
求相當合用者。後經潔局派員查勘，
該員報章並云無礙，隨又有局員二
名，擬准收納其地，嗣是遂已罷議。
現華民政務司來函告知，言潔局若准
將該墳場送與東華醫院，以後便由該
院料理潔淨之事及與閩人商識各章
程，倘吳某願將此地送與東華醫院，
請潔局即授權東華醫院，經畫此地，
以為墳場。

葬地墳場，在大量人口遷入的香港，成為亟需處理的問題。然而，大體上墳場的出現，都是按城市「邊陲」的原則規劃安排而來，只是當「邊陲」不再是邊陲，在城市規劃下需要「升級」成為都市化重要部分，墳場就得搬遷。二戰之後，大陸國共內戰，及至 1949 年中華人民共和國成立，香港面對大量的人口入遷，都市化下，死人葬地也得遷移。例如 1950 年 11 月 10 日《工商晚報》〈羅湖粉嶺新墳場下月啟用〉報道，副題內容：

> 新九龍墳場同時封閉，港九分設兩處停柩地方，棺柩由小輪及火車轉運，親屬仍可前往墳場親視安葬。舊墳場掘起骸骨，由新墳場代為保管，如無人認領，七天後決定處置。

然後，在大篇幅報道中，提及：

> 就生者之利益着想，政府不得已將其從前在香港、九龍及新九龍撥出大幅土地，用作非永遠墳場之政策，予以放棄，而改在新界，另行撥地供用。

並且引述華民政務司杜德的説法：

> 在狹小之香港，面積有限，而人口則日漸增加，故現時一切安排，當以生者之需要為重，而以死者之葬地為輕。

這些説法，符合香港城市規劃上的一貫合理原則。此之所以，不少以前是陰宅墳地，今日變成住宅或學校區。

那麼，墳場選址都會符合風水原則嗎？似乎不是。不過，補充一下，華人墳場會有請風水師堪地（立碑、牌坊坐向，例如咖啡園「馬棚先難友紀念碑」），但選地、批出地段，恐非風水師主導。

陰地墳場就是好風水？

説墳場是風水寶地，但現實不過是當年城市規劃上安排「邊陲」處理墳場問題。即使上述墳場發展，説成可以符合好風水，那也要考慮到天主教、基督教墳場墓地與風水能否有極佳扣聯，需要達成以下其中的假説：

一、天主教、基督教宗教人士篤信風水；

二、外籍政府官員篤信風水；

三、在城市規劃上配合中國風水元素。

這三點，容讓讀者自行思考。

不過，要說到早期研究風水的外國人、傳教士，還是可以提一提「中國通」—— 歐德理（德語：Ernst Johann Eitel / Ernest John Eitel，1838-1908），出生於德國的符騰堡，於 1862 年來到香港。其後在 1873 年出版《風水》(*Feng-Shui, Or, The Rudiments Of Natural Science In China*) 一書，這也是西方世界第一本全面研究風水的著述。此書一出，在洋人世界風靡一時。著述中大體可以看到歐氏視風水為自然界的基本原則，類近自然科學。某程度上，也可以讓洋人理解到華人世界中的風水⋯⋯始終華人不時以風水作憑藉：修築鐵路？「破壞龍穴。」豎立燈柱？「破壞風水。」導致不時出現「風水 vs 城市發展」的局面。

重提一下，既然「趨利避害」、「趨吉避凶」也就是風水原則，與「死亡」相關的地方，真的是「利之所至」、「好風水」？人性厭惡死亡（留意是心理上），前文提及「平

民豪宅」華富邨，建成後正因交通不便、「前墳場地段」而乏人問津，所以當年政府拍製宣傳片，藉此吸引民眾申請。又例如1969 年 1 月 20 日《華僑日報》一則〈紅磡街坊反對海心廟設殯儀館〉報道，提及：

> 海心廟全係龍脈所在地，凡在該區之廠商，生意滔滔，居民生活安定，人口眾多，純因風水之靈氣有關。如在該區設此殯儀館，正在龍脈之中，影響風水莫此為甚，……

是心理上，還是風水上，抑或兩者有之，一時也難以論斷。（補充說明，在開設和合石墳場時，在紅磡設有厝房、永別亭，即停柩地方，是「配套」來的……）然而，樓市價格上算是可以反映現實情況，臨近殯儀館景、墳場景，始終對物業價格有負面影響，情非得已，有多少人願意花畢生儲蓄買「墳景樓」？

2010 年曾有一則〈樓市向好 墳景豪宅受捧〉的「報道」，指禮頓山某屋苑向西，看到墳景，尺價甚高，但文中矛盾地說出，買家住戶所求的是「千金難買及具身分象徵的跑馬地馬場景」，故僅看標題容易被誤

導。[4] 至於豪宅望墳景，或曾是陰宅墓地，這也不過是城市發展規劃下的產物，你能接受，便無不可。但心有基塋，陰風陰氣，即是接受不了。敬而遠之，也是人性。

最後，看錢包過活，即使墳景近一點也不要緊。或許，來一個「置諸死地而後生」嘛……但是，找辦法，要化煞，請看下回分解。

4　參看〈樓市向好　墳景豪宅受捧〉一文，《明報》財經版，2010 年 10 月 2 日報道。

十一

千金難買向南樓，係咪真係值得先？

宜　負陰 抱陽　向南 向北

忌　臨海 置產

看官請回想買樓的時候，地產代理有沒有跟你說起甚麼是「帝王坐向」、「坐北向南」格局，還有說是抗跌力強的優質單位？有的話，恭喜您，您很富有，正所謂「千金難買向南樓」。不過，記得代理的解釋是甚麼嗎？是主窗向南，主人窗向南，抑或是門戶向南呢？高樓大廈，五花百門的奇則，其實連通用說法也沒統一。（按：現代樓房按道理應是以窗戶作準。）

由古代的帝王坐向說起

帝王坐向，不妨由古代先民居所說起。除了前文所說的居高臨水，古代的「負陰抱陽」概念，實際上也符合科學原則。那麼「陰陽」的概念又是甚麼呢？阜（部首）的本義是山丘。日之所照，叫做「陽」。相反北面，叫做「陰」。此之所以，山北為陰，山南為陽。「陰陽」二字，就是與山陵、陽光有關。

中原地區位處北半球，歐亞大陸的東部，領土位處北迴線以北，四季陽光由南而來。日照因素下，居室容易採光、溫暖。另外，地理因素致中原有季候風，冬季從西伯利亞來的寒流，夏季從太平洋來的涼風，四季風向不定。居地位置不同，朝向也因之改變，例如關中地區西安半坡先民，因冬季常刮東北風，所以門朝西南，避免寒風吹襲，迎來日照；到了夏季，反過來會遇上最強日照，於是在門的兩側設隔牆作遮擋。

陽光重要嗎？説一下簡單常識，陽光對人的好處：殺菌、增加免疫力，而日照下皮膚中的黑色素會產生維他命 D，可以抵抗佝僂病。

故此，帝王坐向「坐北朝南」來自於「負陰抱陽」的概念，並發展成南北中軸線，坐北朝南的都市格局，繼而成為古代城市規劃中的原則。及至清末，何廣廷在《地學指正》中説：

> 平陽原不畏風，然有陰陽之別，向東向南所受者溫風、煖風，謂之陽風，則無妨。向西向北所受者涼風、寒風，謂之陰風，宜有近案遮攔，否則風吹骨寒，主家道敗衰丁稀。

上文清楚分別陰風、陽風，不同的「風」，也對人有不同影響。故此，説「帝王坐向」符合科學原則，是地理的因素（陽光），也是氣象的因素（風）。

城市樓房坐向的思考

地理上，同在北半球的香港，「向南樓」也是適用。冬季太陽總是在南面，窗戶向南容許陽光曬進屋內，使其溫暖起來。相反，在夏季太陽差不多在香港上空。當接近夏至（六月廿一日）時，太陽移至稍北

---

1 （清）何廣廷：《地學指正》（清代刻本，本宅藏板，宣統二年，庚戌冬刊），頁五十六。

位置，窗戶向北的話，陽光曬進時使室內較熱。至於「向東樓」與「向西樓」太陽照射是基本上一樣。「向東樓」清早受到太陽照射而比較溫暖，樓房的混凝土吸熱後會於午後開始散熱。「向西樓」同樣受熱，但會在較後時間發生。故此，「向東樓」早暖早涼，「向西樓」遲暖遲涼，晚上較暖。

氣象上，在冬季，「向南樓」背向北，受寒冷的東北季候風影響較少。夏季則迎來自南面而來的涼快清風。那麼「向東樓」和「向西樓」又怎樣呢？因為香港的盛行風是東風，向東的方向較為當風。相反，因較少吹西風且風力較弱，故此「向西樓」少有清風送爽的感覺。

那麼，向西樓沒有好處嗎？溫度上，最高溫度通常在下午 2 時左右出現。由於溫度上升而濕度較低，比較乾燥。陽光、溫度上升和乾燥空氣，可以幫助消毒室內環境。如果你討厭發霉的牆和衣服（尤其是春天），「向西樓」就是理想選擇啦。[2]（不過，西斜也會帶來悶熱。）

2　李本瀅：〈天氣風水〉，香港天文台網站（https://www.hko.gov.hk/tc/education/weather/weather-and-life/00143-weather-feng-shui.html，瀏覽日期：2024 年 4 月 7 日）。

另一方面，是地理、氣候和歷史因素問題。英人取得港島後，以港島北的中上環一帶為核心，向西及東延展，發展維多利亞城。在港島北岸發展城市，也是利用港島天然山勢，減輕由東南或西南而至的「颱風」吹襲帶來的影響。故此，「向北樓」同時是「向海樓」，也是有靠山的，算是符合「風水」原則。

至於實際上如何挑選樓房，最重要當然是看着荷包，才決定買或租住自己喜歡的。

走到鄉村，比對風水傳統標準

說起靠山，鄉郊的樓房在北面倚山、種樹，其實可以推究作為擋風之用。典型例子，不妨將焦點轉移至新界的圍村設計。

走進新界圍村及房舍，不難發現出入口大多面向南方，坐向原則，正與風水的「坐北向南」說法一致。地理上，南方屬陽，得溫暖雨水之利，能使五穀豐登，所以屋宇以座北向南為宜。[3] 氣象上，同樣是因夏天可迎清涼的南風，冬天可免寒風吹襲之

---

3 《北區風物志》（香港：新界鄉議局出版，1994 年），頁 149。

苦，又可避免太陽西斜悶熱。

靠山，同樣是影響風水的主要因素。鄉民先祖在選擇圍村的位置時，往往觀察四周的山容水貌。當然，這也與實用價值有關，因為山嶺可以作為建築物的天然屏障；而河流則有利農業的灌溉，對於以農為業的鄉民極為重要。[4]

此外，村後常見的「風水林」[5]，也是按風水學上推說高齡喬木與鄉村的命運及發展有着互動關係，而樹林形狀近似環抱村落，更具有守護鄉村的象徵意義。在實際用途上，不論人工風水林或自然風水林，既有調節地下水、調節氣溫、預防洪水、防止山泥傾瀉、阻擋泥石流及保安的功用；還有淨化空氣，以及為居民提供建材、柴薪、野菌、野菜甚至是「野味」。香港植物標本室對於新界風水林的研究，有以下的

---

4 同上註。

5 關於風水林的故事也不少，如相傳百多年前，有一名風水大師目見新界沙頭角荔枝窩是一條窮困的村落，於是建議在村內興建風水圍牆，作為聚財和擋煞之用。該村在興建風水牆後，運氣果然轉佳，頻出有識之士，經濟情況也大為改善。自此以後，荔枝窩村村民均篤信風水，亦透過種種方法保護風水林，包括界定其範圍、規定村民不得破壞樹林，否則罰錢及遊街示眾等，而一年裏也只有一、兩天容許村民入林收集柴枝作燃料。荔枝窩的風水林至今依然能保持茂密，確與風水有莫大關係。

發現：

> 昔日先民建立村落，使村後原有的植
> 被（樹或灌木）得以保留，他們其後
> 又於林緣加種各種果樹、榕樹、樟
> 樹、竹及其他民間所需的經濟植物，
> 增加原有樹林帶來的各種效益，結合
> 而成風水林。隨着時光流逝，終發展
> 成今日所見的典型風水林佈局。[6]

凡此種種，可見風水學說在新界各宗族間極為重視，且與人的生活息息相關。故此，人們常說新界人（特別是客家人）篤信風水，鄉村坐落、方位和房屋的建築等，都有嚴格規定，並且符合風水的格局。根據歷史學家羅香林《客家研究導論》對客家人風水的描述，所收錄的就是傳統風水的基本標準，有云：

他們（客家人）對於地方風水的好壞，有三個普通標準，或條件：其一為龍（即山嶺的脈絡），發脈要雄壯

---

6 〈風水與風水林〉，香港植物標本室網頁（https://
www.herbarium.gov.hk/tc/special-topics/fung-
shui-woods/fung-shui-and-fung-shui-woods/index.
html ，2024 年 4 月 12 日瀏覽）。

磅礴，要奔騰有勢，落頸要俊秀，要靈活，結基要豐，要敞；其二為局（即對景），自總脈分出的支脈，要重重圍繞，能成基地拱衛，基地對景，須灣環迴托，羅列各峰，要各有格構，或旗或鼓，或印或案，總之要為基地用臣；其三為水，基地前面，最好能迓大江，但水不宜直沖基地，水口要迴環，最好有種種關欄，水口的山嶺或沙洲，立在基地以看不見水的出口為佳。他們通義，以為龍主人丁，局主功名，水主財路；所以得一好地，不但可獵取功名，而且可多男，多金。[7]

這些風水的標準，均符合實際上地理環境因素，所以説獲得一塊「好地方」，可以為地方宗族帶來莫大的好處，有人、有名、有利。

7　羅香林：《客家研究導論》（上海：上海文藝出版社，1992 年），頁 174-175。

十二　廟前貧，廟後富，廟左廟右出寡婦

二　風水

宜　求財　入宅　栽種　化煞

忌　廟後　廟前　廟左　廟右　鬼煞

俗諺有云：「廟前貧，廟後富，廟左廟右出寡婦。」字面意思很簡單，就是居家住在廟宇的前方，就會貧窮；住在廟宇的後方，就會富裕；住在廟宇的左右兩邊，就會喪偶出寡婦。但是，這說法與風水原理有關嗎？

風水俗諺算是傳統智慧？

古代中國廟宇選址講究，主要有兩種用途：第一，是建廟鎮煞；第二，是帝王擔心風水寶地為百姓佔據，影響江山，故此修建廟宇（帝王「自私 L」模式）。不論是哪一種，甚或其他衍生的原因，建置廟宇的位置，或是陰氣極重的地方，或是風水極佳的場所。風水好壞，廟宇作為祭祀圈（信仰圈）中心，位置居中，四方自有因廟宇而產生不同問題。

先說「廟前」，由於廟宇是供神的地方，人們經常前來供奉燒香，廟前充斥着拿着供品貢禮的信眾。居於廟前，具體形象有如錢財天天向廟宇送去，錢財耗盡。其次，信眾求神，本有心事，怨恨、痛苦聚集，是為不好的「氣場」（氛圍），居處廟前這一方，就是錢窮力窮。其三，凡事宜藏不宜露，地位愈高，則愈在後方，一如辦公室格局，老闆在後，職員在前；打仗，將帥在後，士卒在前；故此，廟前者，一如看門、保安。

相反「廟後」，也是取其具體形象。供奉者來朝，如神受簇擁愛戴，供品貢禮，如錢送來。其次，廟於居所之前，已擋隔煞

氣，即不良的影響一掃而空。一如將帥覽全局，故此得富。

再說「廟左廟右」，坊間說法指神靈慈悲，會讓廟左廟右作為遊魂野鬼的短暫棲息地，故此陰氣較重，鬼怪幽冥，左來右往。所謂「孤陽不生，獨陰不長！」家人難以團年。到了晚年，所以便出寡婦。

說到這裏，居於「廟左廟右」的朋友，確實不得不教人擔心。不過，按香港人均壽數（男 81，女 87），寡婦出現似乎是常見現象。[1] 其次，「出」（發生）甚麼事而有「寡婦」，甚至大眾對「寡婦」定義也存有差異，都是值得深思的地方。還有現在高樓大廈住客多，自然陽氣強盛，這又是否可以抵銷一二的「陰煞」呢？人住樓層高處，具體形象地說，在「廟左廟右」的高處視之，是否也能笑看人間風水氣煞幻化呢？

---

1 香港人長壽，人均預期壽命屬已發展的經濟體中最長之一。時至 2022 年，男性出生時的平均預期壽命是 81 年，女性則是 87 年。據〈統計與你〉，香港政府統計處資料 https://www.censtatd.gov.hk/tc/page_235.html，2024 年 4 月 7 日瀏覽。

由「煞」氣說到現代風水

先來說文解字 mode，「煞」字為漢代時造出的字，「灬」的字本就是氣或　的狀態，配上「㓜攵」則是支打「㓜」的會意字，意指被驅打之物或形狀。造字之初，「殺」、「煞」二字是可通用或兼用的，其後才專用「煞」字。「煞」相對於生氣，是陰邪不正的力量。無形無象的「煞氣」，以現代的說法，指宇宙氣場不平衡或不正的現象。[2]

關於煞這回事，筆者從一篇報道說起。《工商日報》在 1982 年 4 月 12 日刊載一篇報道〈高樓處處，如何觀風論水？煞位多多，可用冬青補救！風水講求心理學，注重居處安全感〉，文中主角是流傳在香港為匯豐銅獅搬家擇吉定位的業餘風水（堪輿）師龍景詮。[3] 一看標題，「高樓處處」、「煞位多多」的對偶標題固然極其醒目，「觀風論水」之後，當然要化煞「補救」；最重要的是「風水講求心理學，注重居處安全感」，心理學是有理可循，安全感也是人所追求。難道這就是風水的「真實」？說實話，所謂

---

2 李豐楙：〈煞：一個非常的宇宙現象〉，《歷史月刊》期 132，頁 36-41。
3 報道中指當年龍氏為荃灣一家電子工廠的東主，其師南海伍志林。

風水，做點事能求安心，又何樂而不為？

不妨再按報道了解一下現代相宅術的「有理可尋」。龍氏指出「風水因素，決定於聲音、顏色、光線、坐向、羅盤」。

聲音：經常的噪音犯了聲煞之忌；顏色：天花板的白色為最佳，牆壁家具主色柔和為尚；光線：切忌室內太光或反光；坐同與羅盤：這方面個別細察。一般而言，香港大廈毗鄰而建，推窗外望，煞位特多，所謂煞位，是一望見的大廈牆角位，例如對正兩大廈之間的通天位是通天煞，牆角三尖位鬼煞。在香港，差不多任何樓宇的房間窗口景緻，均可見在一百米內有煞位出現，補救之法，可用冬青植物以作「利氣」去擋煞。

龍氏謂：可以萬年青、富貴竹等常綠不開花的植物，吊於窗口對正之處，另一補救辦法，是用毛筆塗上硃砂，將經文點在八卦之上。

一般人買來三叉或八卦去擋煞，其實未必有用，因為它需要有人「點

卦」，塗上硃砂才有效；他表示：八卦其實有八八六十四卦[4]，每一卦可剋制不同的煞氣。如果你窗口外望是對面大廈的天台，這條天台橫線阻擋你的視線，這種齊眉的煞位，就算不注重風水的人，看見了也會感到不順眼，這景觀上的心理感應，往往風水學中廣泛被應用。

在睡床的定位方面，龍氏認為頭向東方並不佳，而床頭的後面最好貼牆無空位，或床後另有傢俬衣櫃之類，充實床頭後的位置。他説：這一方面也許有心理上的安全感的意味，例如一些碌架床上與窗口平衡，就風水來説是極差的位置，也因為如此睡覺，心理上缺乏安穩的感覺。

筆者大幅引用龍氏的説法，是想指出風水之説在八十年代，已經面對科學解説的困境，風水命理逐步被科學實證質疑成效，在講求實益的香港，更需要具有「類科學」的解釋；於是，選擇「感到不順眼」、「心

---

4 原文為八百六十四，應手民之誤，當為八八六十四卦。

理感應」、「安全感」、「安穩的感覺」等字眼，講求符合人的「心理」；方法上，用上冬青遮蔽，床頭貼牆（床的支撐更好）等等，也具有科學意義。另一方面，沿用方士道術的用語，如「聲煞」、「通天煞」、「三尖位鬼煞」、「點卦」等，保留神祕感及對擋煞方術予以肯定。

接着，另一標題〈大廈各層如何區分風水好壞，古籍無論及學說本身呈混亂，堪輿學未能與時俱進〉，文中內容是龍氏撰文對當時風水學不同問題的回應，頗具時代意義，詳見如下：

風水之說，該如何與時俱進？

龍景詮在概述風水之變易後，特替本報撰文提出堪輿學本身在快速的城市建設中所產生的一些疑問。他認為，這些疑問產生，是堪輿學說正面臨新舊交替的現狀，由於海內外研究者各師其法，且新一代對此說不易接受，故本來的演變，會頗見混亂，而學說本身亦因而不能與時俱進。

例如：古籍談及陽宅風水，多以整幢樓宇而言，目前的數十層高大廈，同一方位的二樓與五十樓，究應如何區分好壞？

龍氏還表示：現時頗多填海地建上很多大廈，則此填海方地，在堪輿之巒頭內之學理，應如何説法？在堪輿學古籍中，有無所載？而古無今有之事實，在堪輿學上，則又為何？若謂古籍所無者，則無從評估，則堪輿學在今日則顯得毫無進步；若謂有所根據，則又應如何立論説明？其所根據之堪輿學理，是否即「三支並舉」？又它與三支之説，是否吻合？

現時的多層大廈，每層樓有無分別？堪輿學家應為何立言，古籍上有無二樓以上各層樓之説法。若謂無則無之，則堪輿學已告落伍，不能與時並進；若謂有，則又應如何説法，其所根據者，是否亦即三支並舉之説？

即此二點，是很多人對堪輿學提出疑問。吾人當知，此乃新舊學交替之現象，不足為奇，但業內人員各師其法，而在學理上，未見有圓滿答覆。

在堪輿學上，既已有新舊交替之象。目前，要憑現代的建築設計堪定名居，頗難有不爭之論。

其實，要得出「不爭之論」，就需要有科學實證的原理。風水之說為何好像陷入「偽科學」的層面，就是由本來的相地、相宅，被歷代的知識份子帶進神祕學說，雖然有人指風水之學是來自不少「經驗論」，但歸納分析個案，深思一下，不時仍有穿鑿附會。如果溯本清源，歸於本質，則需要科學實證，能對應現實多變的環境，成為改善人的生活的真實學問。生活好，健康好，精神好，繼而諸事大好，這樣才是重回風水之學的美好初衷。

最後，説一下居於「廟後富」的筆者自己，心理上確有着「富有」的願望（目標），然而現實上仍需要付諸努力（過程），才能自我「實證」（成果）。這是心理學吧（笑）。

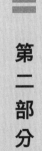

第二部分

心理分析篇

十三

三 分析

免費贈你幾句，唔靈唔收錢

如果各位讀者有夜探廟街的經驗，相信在占卜睇相攤檔前面走過時，大家一定會聽過：「來來來！過來免費贈你幾句，至多唔靈唔收錢喇！」未知大家有沒有試過因為這句話而在攤檔中坐下來呢？之後，你又驚覺那位手持龜殼、臉戴墨鏡，手中搖着紙扇的檔主好像每一句話都說到你的心嵌裏。

或者一句「你印堂發黑、烏雲蓋頂」，或者一句「你今年有小人損財」，或者一句「你將有血光之災」，你聽罷不禁心頭一震，方寸大亂，不知該怎麼辦。檔主依然一臉悠然自得的樣子，輕輕搖着他手中題有「氣定神閒」四隻大字的紙扇（他手中的扇只是造型而沒有撥涼作用吧！Σ(ﾟДﾟ;)）。在你萬分驚恐之際，他氣定神閒地吐出一句：「還好，你今日遇上了我！」聽到此句話之後，你猶如在海上漂浮了三天三夜然後忽然找到一根救命稻草似的。你立即問道：「師傅，我當如何是好？這問題可以化解嗎？」他將墨鏡退到鼻樑以下的位置，好像帶點不屑的表情用眼角瞄了你一眼：「你看看我的招牌，『生神仙』的金漆招牌在廟街誰不認識。唉，若是你不相信我，你就權當我倆今日未曾相遇吧！」（原來你的眼睛能看啊！那幹嘛夜裏仍戴上墨鏡？！）

故事的後續發展，相信大家都會猜到吧？你會好緊張地聆聽「生神仙」的每字每句，生怕自己會忘掉任何一個字。「生神仙」會為你提供處理劫數的方法，而你亦會恭敬地由你的錢袋把「酬謝費」奉上給「生神仙」，最後心懷感激地離去。

以上的故事純屬虛構，如有雷同，實屬不幸。反思整個故事的緣起，其實一切就是始於「過來免費贈你幾句」一句說話。原本，你正在高高興興地在街上蹓躂，穿梭廟街不同的攤檔之間，看看有沒有自己喜歡的東西。偶爾路過占卜睇相攤檔前，忽然聽到一句好像給你一些小優惠的話，你就因此坐了下來。原來的好心情卻因睇相師傅之後的說話結束了。不管是印堂甚麼甚麼的，還是今年有小人、血光、破財之事，你頓時由一個「無事忙所以在街上到處走走唄」的閒人一名，變成了一個「忽然知道厄運降臨而不知所措嘞」的求助人士。你在「生神仙」攤檔的身份由「好奇聽聽人士」，搖身一變而成為「有緊急需要人士」。從「生神仙」道出你的問題開始，你正式變成為了他的顧客。

情況由「免費贈你幾句」發展至此時，如果你仍然以為你和睇相師傅是「偶爾相遇」、「有緣贈你幾句」、「能夠幫你是你的好運」，筆者勸你以後都不要經過廟街，對占卜睇相攤檔避之則吉，否則，你的錢袋恆久地都「印堂發黑」，並且有「小人損財」和「血光之災」（有些事……不用說得太明白吧……ヽ(ˊ_ˋ)ノ）。

不如我們換一個場景去思考。未知各位讀者有照顧長者的經驗嗎？

有時候在朋友聚會期間，大家都會說說家中的事。筆者留意到，大家都蠻害怕老人家們在商場中遇上「補品攤檔」。尤其是，如果家中長者屬於愛貪小便宜的一群——大概是人家有按摩椅就會去坐坐、人家有試食就去嚐一口、人家有試用裝可免費索取就排隊排多久都會拿一份，這樣大家就更加擔心了。通常只要遇上那些「補品攤檔」，家中長者結果都會一袋又一袋地把人家的貨品買回家中。

到底那些「補品攤檔」有甚麼魔力呢？讓我們一起分析一下。

你家中的兩老原本在商場裏逛街，只為開開心心地消磨時間。忽然，看到了有中醫義診的提供的「補品攤檔」。你家中兩老還醒目地問攤檔裏的職員：「真的是免費？」職員肯定地說：「請您放心！攤檔裏的中醫絕對不會收您一分一毫！」於是，兩老才放下戒心，在攤檔裏坐下來。誰知中醫的診症結果把兩老的好心情打斷了。甚麼氣血兩虧、甚麼腎水不足、甚麼脾胃虛弱……兩老聽

罷心情如墮冰窟，擔心自己身體有甚麼大毛病。此時，攤檔裏的補品銷售員如有救世主光環一般出現。在安慰着兩老的同時，銷售員仔細地為兩老説明在他攤檔裏剛好就有一些補品，它們不但能夠處理兩老的毛病，服後更是促進其身體健康。兩老頓時如釋重負。他們一邊多謝銷售員用心的推介，一邊付款並把一堆又一堆的補品帶回家中。

咦？為甚麼這個「兩老遊補品攤檔」的故事好像似曾相識的呢？

其實，這兩段經歷均可以用心理學的理論來作出解釋，它們都運用了遊説及銷售的技巧以吸引人光顧和消費（各位看官！欲知那技巧如何，且聽下文分解）。首先，為甚麼筆者會説「坐下來你就輸了」呢？

那是因為人的心理有互惠的傾向。心理學家丹尼斯・里根（Dennis T. Regan）在一項研究中發現即使是一個非常小的恩惠也能引導受惠者反過來給予較大的恩惠。里根在 1971 年進行了一項著名的實驗，被稱之為「可口可樂研究」。實驗以「藝術欣賞會」為名隱藏了真正研究目的。實驗參加者以為自己的任務是為一些畫作進行評

分。真正的研究內容是參加者的社交互惠性（social reciprocity）。在「藝術欣賞會」進行期間，假扮另一位參加者的里根助手會贈予部分參加者一支可樂。在「藝術欣賞會」暫告一段落之後，里根助手會請參加者幫他一個忙，那就是幫忙買一些彩票。

研究數據顯示，那些先前接受了里根助手贈送可樂的人更願意為他購買彩票。根據其後的分析，學者指出接受別人恩惠將你置於一種「我虧欠了別人」的心理狀況。除非你對別人的恩惠予以相應的回報，否則你難以消除這種虧欠別人的感覺。

因此，回到以上提及過的兩種情況之中，不論是「免費贈你幾句」還是「攤檔中醫義診」，兩者都是一些嘗試令你感到「我接受了他的恩惠，我虧欠了他」之舉動。根據里根研究所得，就在你於他們攤檔坐下來的一刹那，似乎已注定你會以「錢袋的血光之災」去回報他們。

情緒與消費行為

另外，有一件事或許讀者們有所不知，我們的購買或消費行為並不完全理性。換一個說法，我們的購買或消費行為往往涉及

我們的情感和情緒。或者，這個說法在讀者眼中有點費解：「不！我覺得我每一次的購買或消費行為都十分理性呢！絕大部分的時間我都是有需要才買，而且我買之前亦往往貨比三家，選最超值的才買！」那麼，讓筆者來挑戰一下這想法吧！

假設讀者收到家人來電，需要你幫忙購買貨品 A。你走到一間裝潢亮麗的商店，店內職員態度親切有禮；可是，貨品 A 的格價比較高。之後，你走到另一間商店。店舖不只裝潢簡陋，而且店員態度粗鄙無禮；然而，貨品 A 的格價比較便宜。假設兩間商舖的價格不會相差很遠，請問你會選擇光顧哪一間商店呢？在現存的消費者心理學知識中，良好和愉快的心情能影響你的購買或消費行為。若兩者沒有關係，試問何以各大商場極盡其能耐去引起你開心的情緒呢？例如，漂亮明麗的裝潢設計、細心的貨品陳設方式、悠揚悅耳的背景音樂等。

然而，別以為只有愉快的情緒才能夠讓你心甘情願地消費。在現存的研究之中，不少學者（Seunghee Han, Jennifer S. Lerner & Dacher Keltner, 2007; George F. Loewenstein, Elke U. Weber, Christopher K. Hsee & Ned Welch, 2001; Jennifer S.

Lerner & Dacher Keltner, 2000）表示負面的情緒（如不安、恐懼、焦慮等）同樣能夠影響人的消費決定。

讓我們暫時將「生神仙」和「補品攤檔小販」都當成售貨員，他們都希望分別將「轉運之法」和「養生補品」成功推銷。他們使用的技巧是一樣的：藉由引起人的負面情緒來產生關注，製造出對他們服務或產品之迫切需求，從而引發人的購買行為。原本在街上隨處走走的途人壓根兒沒想過對「轉運」或「補品」有甚麼需求。這樣的人絕不會對「轉運」或「補品」作出購買的決定和行為。可是，以「贈言」和「義診」這些小便宜打開了途人的心理關口，途人在攤檔坐下來的一剎那就頓時變成「潛在的顧客」了。

以占卜睇相的個案而言，人生在世，哪有一天是諸事圓滿的呢？見年青人就講愛情運可以更好，見上班族就談職場上的小人，見中年人就問問有否憂心子女學業……事實上，只要「生神仙」有少許觀形察色、見貌知情的本事，要掌握對方的不安和焦慮並不困難。只要能控制其不安之情緒，這樣要對方購買哪種「轉運」服務都盡在「生神仙」的掌握之中了。

十四

三 分析

風水佬呃你 十年八年

宜 批判 慎思 明辨

忌 偏見 糊塗 信直覺

不知道各位看官信不信星座呢？筆者對星座本來是沒有甚麼認識的。小時候，第一次聽到跟星座有關的事件大概是因為漫畫《聖鬥士星矢》吧！時至今日，每當我的背包裝得滿滿的時候，我都會露出一個裝帥的表情跟身邊的人說：「我要去拯救雅典娜！」（對不起，我好像把話題扯遠了……◦﹏◦﹚

老實説，筆者不怎相信星座的。

記得有一次我曾跟學生討論過星座的事。一日，我在學校某處走過，忽然有一位女學生衝過來跟我説：「喂！我看了今日的星座運程。你是雙子座的，我今日是不會跟你説話的！」（這位同學……你是來找碴的吧？(⊙ _ ⊙)）

反正教會學生批判思考是課程目標之一，課上我就以星座為例延續我們的對話。（你要送人頭，助我輕鬆舉例教學，我無理由不成全你（＝∀＝）＋）

我説：「你説你不要跟雙子座説話，因為會影響今日運程。你有沒有想過這句話的意思？根據數學上的比率，你在班上每 12 個人就有一個不能跟他對話。這樣你真的可以做到嗎？再進一步講，如果每日都有一個你要避開的星座，一年 12 個月，平均分佈 12 個星座，其實光是雙子座的人你一年要避足一個月！這樣你真的可以做到嗎？而且，你還要思考一個更深層次的問題，如果光是説話就能負面地影響你的運程，雙子座司機駕駛的的士你要不要上？雙子座廚師煮的飯菜你要不要食？雙子座售貨員賣的貨你要不要買？假設特首是雙子座

的，你要不要逃出香港，申請星座庇護，說某星座迫害你的運氣而期望受到其他星座勢力的庇護？」一如我所料，那學生當然是沒有辦法回答我的問題。她轉移焦點說：「可是，星座書對我和朋友們的性格[1]描述都很準確！這你不得不承認！」我心裏想：「你中伏了。」我問那學生：「十二星座對性格的描述真的準確嗎？如果你接受（姑且叫）『十二星座性格理論』，這等於接受世上只有 12 種性格。這樣可能嗎？性格受到複雜的因素影響，包括先天因素和後天因素。先天因素包括從父母繼承的基因、胎兒在母親懷孕時的狀況等；後天因素包括家庭因素、教育機會、社會規範、人生經驗等。只是因為一個人是金牛座，所以他就會有頑固、脾氣不好的性格問題？只是因為一個人是雙子座，所以他就會具有藝術才能、富有靈感和想像力的優點？例如，金牛座的人性格謹慎而穩健，因此擁有的知識多半比較實際，精神上沒有那麼活躍。可是，李白就是金牛座的，你覺得他欠缺藝術才華嗎？」

1　「性格」在粵語有 personality 的意思，華語學界更常以「人格」翻譯 personality。

問題出自你身上

那麼，為甚麼這麼多人都感到星座對他們性格的形容十分準確呢？其實問題很可能出自他們自己身上。

很久之前，筆者與同事們一起合教批判思考科。其中一位同事設計的一個教案很有意思。在課上，我預先預備好一些便條，每張便條印的內容是一模一樣的，如下：

個性溫和又堅實，性情沉着而踏實。對事情雖然猶豫不定，但是一旦決定下來，就能以堅忍不拔的精神，執着向前。忍耐力強，行事慎重，但也有頑固的一面。受人之託必能忠人之事，絕不會中途放棄。喜歡美好的東西，如美食、奢侈品，也欣賞藝術及美術。

為人誠實、溫和、真心、可靠、順從，是別人可以信賴的人，有勇氣有耐心、堅定不移、有決斷力、有想像力和創新的思想，對經濟事務方面，態度穩健而值得信賴，也善於儲蓄。

有決斷力，對有興趣的事一定去學，
有充分的想像力和創新的思想。[2]

在活動開始之前，我故意講一些有關星座
的話題，假扮自己對星座很有認識。之
後，隨意提到一些星座，並邀請那些星座
的學生出來。我在他們面前假扮在找他們
的星座資料，然後各派一張便條。我請他
們閱讀便條上的內容後，按便條內容評價
有多準確地形容他們，然後以 1 至 6 進
行評分。值得留意是，他們屬於不同的星
座，而卻在閱讀同一份的資料！依我多次
使用這教案的經驗，大部分學生評價的分
數多數在 4 至 6 之間。最後，我會揭盅這
其實是一個教學活動，目的是指出我們的
慣常思考、認知和直覺不一定可靠；當中
往往存在着不足和缺憾。

---

2 便條的資料來源：星座與我，〈金牛座〉，新北市政
府教育局，網址：http://web.ykes.ntpc.edu.tw/awk/
awk(C)/%E7%A7%91%E5%AD%B8%E5%AF%A6
%E9%A9%97%E7%87%9F/%E8%A7%80%E6%98
%9F%E5%A4%A9%E6%96%87%E7%87%9F/%E6
%98%9F%E5%BA%A7%E8%88%87%E6%88%91/
%E9%87%91%E7%89%9B%E5%BA%A7.htm，瀏
覽日期：2024 年 3 月 16 日。

我的學生以至大多數相信星座的朋友都存在着心理學家所講的「確認偏見」（Confirmation Bias）。確認偏見是一種搜索、詮釋和記憶訊息的方式，這種方式系統性地阻礙了假設被拒絕的可能性——也就是說，它促進了假設的免疫力[3]。「假設」二字聽起來好像很專業似的，然而，製造並驗證假設是我們每日都會做的事。

例如，家裏的鐘停了運作，於是你替它換上新電池。可是，它仍然沒有運作，然後你又再為它換上另外兩顆新電池。在以上的事例中，你已經有兩次製造並驗證假設的過程。家裏的鐘停了運作可以是沒有電，也可以是壞掉了。你假設它只是沒有電，因此你為它換上新電池。換上新電池後，家裏的鐘仍未能開始運作，可能這鐘是壞掉了，也可以是誤將舊電池當新電池般換上；你再為它換上另外兩顆新電池，那是因為你仍假設這是電池的問題。可見，製造並驗證假設是一般人在日常生活中都會經常進行的思考。確認偏見就是指出人心中有一些固有的假設或想法，在接觸資訊時會選擇性地搜索、詮釋和記憶有利於固

3　Pohl, R. F. (2004) *Cognitive Illusions: a handbook on fallacies and biases in thinking, judgement and memory*, East Sussex: Psychology Press, p.79.

有的假設或想法的資訊，或忽略不利假設或想法的資訊。這樣的偏見只會一直鞏固現有的想法，難以接受其他想法。

確認偏見存在許多種形式，在星座書、占卜術中出現的確認偏見為著名的「佛瑞效應（Forer Effect）」。其實，上述教案正是模仿心理學家佛瑞（Bertram Forer, 1914-2000）在 1949 年的一項實驗[4]。佛瑞在課堂中邀請學生進行性格測驗，蒐集資料後答應在一週後給予每人一份簡單的性格描述。學生在收到描述之後要對描述的契合程度進行評分；0 分為最低，5 分為最高。佛瑞最終收集到的數據，契合程度平均評分為 4.26，41% 學生甚至評價此分析結果完全吻合他的性格。

描述性格的契合度評分							
評分	0	1	2	3	4	5	總數
a 組	0	0	0	1	25	13	39
b 組	0	0	1	4	18	16	39

（資料來源：Forer, 1949, p.121）

---

4 Forer, B. R. (1949). The fallacy of personal validation: a classroom demonstration of gullibility. The *Journal of Abnormal and Social Psychology*, 44(1), 118-123.

在收集了所需數據之後，佛瑞才向學生揭曉所有學生得到的「個人分析」都是相同的。「個人分析」的內容是佛瑞從報攤買來一般占星書所抄下來的。其實，許多非專業的心理測驗、占卜算命、星座書、風水玄學的説法敘述往往十分廣泛、普遍且模糊。例如，星座書形容人「有忍耐力，會思考」，占卜師説僱主「提防出現意料之外的困難」，算命先生批流年「運勢可以，但亂説話易招口角」等等。

這些話難以證偽，且幾乎放諸四海皆準。再加上，若有人願意付錢購得有關的產品（星座書、風水擺設）或服務（占卜、算命、堪輿），那人本身都有相信它們的傾向。故此，算命先生、風水師傅、占卜師可能十句內只有兩句準確，兩句明顯不中，六句模糊不清。可是，求問的人也會因確認偏見而對師傅們的説辭有高度的評價，不只覺得符合自己的情況，甚至會認為師傅們就是針對自己的需求而説。那是源於你本身對占卜算命、星座、風水玄學等的信奉，令你不會接受「占卜算命、星座、風水玄學可能有誤」的想法。

與其説「風水佬呃你十年八年」，倒不如説是「你自己呃自己日久天長」更為貼切！

十五

三 分析

占、卜、星、相
長盛不衰

宜 自信 堅持信念
忌 輕信 易受蠱惑

占、卜、星、相的存在是現代社會一個十分有趣的現象。社會上不少人都會同意它們不是精密而可靠的知識。它們多半不屬於正統的信仰，而比較貼近被人視為迷信的民間信仰。

在科學日趨進步的世界，民間信仰的地位不斷下降。太陽不是希路斯駕車拉出來的；月球上沒有嫦娥和月宮；雲上沒有電擊不孝子的雷公；海裏沒有涅普頓也沒有他用來拉車的馬頭魚尾怪。今日是一個或許連農夫都覺得肥料和除蟲劑比膜拜土地公重要的時代。可是，占、卜、星、相卻在現代社會依然大行其道。運程書是書店每年在農曆新年重點推介的產品。香港人多數不會認識誰是李叔同[1]、蘇元瑛[2]、呂淦森[3]、張鹿芹[4]，卻對各大風水師傅的名字不會感到陌生。年青一代的家中可能已經沒有了大聖爺、土地公公、灶君的像，也沒有天地君親師的牌位。可是，他們可能仍

1　李叔同為弘一法師（1880-1942）的俗家名字。清末民初的傳奇人物。前半生為藝術創作及教育家，後半生出家虔修為第十一代南山律宗之祖。

2　蘇元瑛（1884-1918）法號曼殊。清末民初天才型人物。有詩作、小說、畫作、翻譯作品存世。蘇曼殊才華橫溢。他接受過的正規教育只至大學預科，更因家人贊助終止而輟學。然而，他在文壇上成就斐然，有人稱他為「清末民初三大翻譯專家」，又有人稱他為「民國三大詩僧」。有曼殊的友人回憶道「曼殊工繪事，而懶不多作」，其畫作可謂「一畫難求」。由於曼殊嘴饞貪吃，以美食向曼殊求畫的故事往往成為當時文人間傳誦的趣事。

3　呂淦森為太虛大師（1890-1947）的俗家名字。一生倡導佛教革命，建立人生佛教，近代中國佛教的興革，可說受太虛大師的影響最大。

4　張鹿芹為印順法師（1906-2005）的俗家名字。以《中國禪宗史》獲得日本大正大學的文學博士稱號，是一名活躍的學術僧人。

會添置文昌塔、三腳蟾蜍、八卦鏡、吸水大象等風水擺設。

在資本主義的市場原則之下，占、卜、星、相在現代社會依然大行其道明顯代表了它們有市場價值。占、卜、星、相的市場價值在於人的「趨樂避苦」特質。我們都害怕好的事離我們而去，或有不好的事來臨（Why not both?＼(´●д●`)／）。占、卜、星、相告訴我們，它們能夠窺探未來；有方法對未來進行預測，減低我們對未來不穩定性的害怕。再者，占、卜、星、相更是告訴我們，窺探未來只是第一步，「趨吉避凶」才是它們真正的目標。「趨吉避凶」正跟我們「趨樂避苦」特質相應，難怪它們有那麼高的市場價值，並且一直長盛不衰。

占、卜、星、相無一不準嗎？

正如上文所說，窺探未來是占、卜、星、相的市場價值。故此，如果對未來的預測不準確，顧客仍會相信嗎？占、卜、星、相長盛不衰，這代表它們真的如科學驗證般具高準確率嗎？在一本名為《命相騙術大全》的奇書之中，作者白玉石居士道出了許多說話技巧，以哄騙別人相信自己。

筆者細讀此書時亦感其對白的設計令人拍案叫絕。書中教的技巧有機會再跟大家分享，以下節錄書中一些設計對白以供大家參考：

> 你命帶小人，稍有成績就會被人妒忌，如不小心謹慎，就有小人來破壞，令你前功盡廢。
>
> 但是你不怕的，你的命不會有絕路。山窮水盡疑無路，柳暗花明又一村，再困難也會捱過去。

細心分析這兩段話，只要人未死，它們幾乎都是難以被證偽的。人生在世，哪有可能人人都跟你友好？生命中總有一兩個符合「小人」定義的人。再者，「命帶小人」的說法亦極為含糊。如果改為「你在 2024 年 3 月 17 日會遇上害你的小人」，這就能更好地被驗證；可是，「命」帶小人一語不就是必然正確的嗎？設計對白的後半段說「做事要小心謹慎，不然就前功盡廢」，這不就是我們從孩提時代開始一直聽到長輩們說的訓話嗎？幹嘛由命理師傅說出來就恍如至理名言一樣呢？ヾ(*´▽`)ノ

第二段就更絕了。生而為人，甚麼才算是「絕路」？是以，這句話即使是能夠被證偽，相信那位顧客都無法找命理師傅討回公道吧？！

你才是最勁預言家！

本來「語言藝術」已教人防不勝防，你內心的機制更是最強的助攻。對！讀者你沒有看錯，你之所以覺得命理師傅的說辭「言出必中，無一不準」，當中除了有命理師傅的「語言藝術」，還有你的一份助力。學者莫頓（Robert King Merton, 1910-2003）在 1948 年發表了一份「自我應驗預言」的文章[5]。在該文章之中，莫頓將「自我應驗預言（self-fulfilling prophecy）」定義為「一個對（起初）情境錯誤的定義會引發相應的新行為，最終令一個原本是錯誤的概念成真」[6]。簡單而言，一個人的信念或期望（不管其是否正確），可以令一個情境的結果或一個人的行為表現順應其信念或期望發生。例如，若一個學生被標

5　Merton, R. K. (1948) The Self-Fulfilling Prophecy. *The Antioch Review*, Vol. 8, No. 2, pp. 193-210.
6　同上，頁 195。

籤為學霸[7]，身邊的人以學霸對待之，那個學生可能就順應於他人期望而努力讀書。相反，一個好學生，若一直被人看扁「你只是好運」、「你只是在差的學校考得好一點」、「你跟某某比仍落後一大截」……那個學生亦可能因此受影響而學業轉差。

「自我應驗預言」這現象同樣會出現在占卜過程之中。我們可以想像一下，有一個人因愛情困擾而求問占卜師。占卜師告訴他：「你們有很深的緣份，是命裏注定的一對！」求問者即使本來想分手的，因為這說辭就回想起彼此在過去的美好經歷。想到二人相遇和相戀的最初，感到這真的是一份奇妙因緣。在占卜之前，二人談分手的時候，求問者本來十分厭惡對方拖拖拉拉的態度。在占卜之後，面對對方同樣的拖拖拉拉態度，求問者忽然覺得自己因占卜師的話有所領悟，將對方的態度視為對自己的依依不捨。求問者自此不再對戀人惡言相向，更是努力修補關係。最終，二人戀情開花結果。這一刻求問者覺得那位占卜師實在是太厲害了！同理，我們也可以想像一個相反的情況。有一對熱戀中的

---

7 年青人用語。「學霸」即「學界的霸主」。意指擅長學習，成績優秀者。

戀人純粹因好奇而向占卜師提問愛情運。
占卜師告訴二人：「你們真正的緣份仍未
到！」二人因此耿耿於懷。自此之後，二
人總是因害怕分手而不敢投放太多感情；
結果，二人找到被認為是更合適的對象而
分手。

在各位讀者的慧眼看來，以上故事主人翁
的結局，是被占卜師準確地預言出來，還
是主人翁在聽到預言後言行受到影響而出
現「應驗」的情況呢？說到底，是「你自
己」還是「占卜師」才是最勁的預言家呢？

十六

三

分析

睇相佬對你的事如數家珍？

宜 深藏不露 內斂 沉穩

忌 喜形於色 愁眉苦臉

如果有一天，當你走過一個占卜的攤檔，檔主用他犀利的眼神瞄了你一下。他一臉不知是自大還是自信的樣子，跟你說了一句：「遇上我是你夠運了！見我們有緣就贈你兩句吧！」

你坐下來，問：「贈？」檔主説：「對呀！不過如果你覺得我靈，追問趨吉避凶之法就要錢囉！」你説：「好！就試試看！」檔主説：「我看你面色紅潤，卻帶三分憂心的樣子。是蜜運當中出現問題吧？」你臉色一沉，説：「甚麼蜜運？我單身。」檔主呆了一下，回答説：「剛分手吧？不用怕，你眼白有痣，簡直就是人肉發電廠。不愁沒有異性緣啊！」你臉露一絲怨懟之色，冷冷地説：「我……我是母胎單身的好麼？」檔主好像有點失算的樣子，再説：「不可能吧！我看你的面相，應該不是……吖！我知道了，應該是祖上陰宅的問題。你的祖父母葬在哪裏？」忽然，檔主看見有一對老人家在不遠處走來，二人一邊磨拳擦掌，一邊用一把溫柔的聲線問你：「乖孫，這位檔主在説葬些甚麼嘛？」故事完（我猜檔主都要完了……（つд⊂））。

占卜、算命、睇相、星座運程，這些文化及產物不就是預知運程，減低對未來不穩定性的害怕，甚至能早早做定趨吉避凶的準備嗎？若然你碰上了一位説甚麼事都算（猜）不準的命理師，你還會繼續聘請他作為你趨吉避凶的顧問嗎？筆者無意貶低這一類學問，可是，命理師終究不是一個學院訓練出來的行業，沒有考資格，沒有

專業牌照，也沒有甚麼認證。因此，有不少江湖騙子濫竽充數以致詐騙案無日無之地發生，例如祈福黨、消災法、性交轉運等。問題是這些江湖騙子是如何有能力將人家的事如數家珍地説出來，令人覺得他們是有能力的命理師，最後將財產甚或自己都搭進去呢？

騙人都要有技術

根據白玉石居士的《命相騙術大全》所載，要搏取別人信任就需要有「觀察外表知其心中所思」的技巧。首先，在未摸清對方之前，千萬不要胡亂説話，要做到「一入門先觀來意，既開言切勿躊躇」。白玉石指出要揣摩別人的心理並不難，只要細心觀察便可。在《大全》中，他是這樣説的：

> 父親來問兒子，是希望兒子富貴；兒女來問父母，必然是父母遇着甚麼不幸的事情；妻來問夫，面上露出一片希望神氣的，是想丈夫富貴騰達；面上露出怨懟[1]神色的，必然是丈夫好

---

1 原文為怨望，筆者疑為錯別字，故改為怨懟。

嫖好賭，或者是寵愛妾侍；夫來問妻，不是妻子有病，就是她沒有養育兒子。讀書人來問，主要是求功名富貴；商賈來問，多數是因為生意不前……（頁32）

除了觀察來者的身份、神色、神氣之外，人的外表、談吐、性格等都可以用來了解他們。在人的外表上「皮肉幼嫩而形貌枯槁，衣服寒酸卻穿鞋踏襪，多數是個破落戶；粗拳大丌而意氣自豪，衣服樸素但帶着金玉飾物，必然是個白手興家的老板」（頁34）。在人的談吐上「滿口對、對、對，會是個有權勢的人，連聲是、是、是，他的職位、身世一定很卑微」（頁34）。在人的性格上「心頭高而又沒有才能，這種人在抱恨中渡過一生；才高而又性情執拗 2，這種人不遭大禍也必定窮極」（頁34）。從以上的資料可見，睇相佬對你的事如數家珍不一定是他「靈」，那也可以是他的「專業技術」呢！

---

2 原文為摯拗，筆者疑為錯別字，故改為執拗。

其實，白玉石在《大全》中所謂對神色、外表、談吐等的觀察在心理學上叫「非語言線索」（nonverbal cues）。「非語言線索」在人際溝通上佔有重要的地位。我們自小都已經在學習如何談吐才算是得體和有禮貌。是以，言辭往往是可以按對象、按場合、按溝通目的而去設計。可是，由於身體的反應比較難抑制（例如：緊張引起的小動作、驚訝導致眼神有異、缺乏自信影響身體姿勢等），故此「非語言線索」有時候更能反映一個人真實的內心狀況。「非語言線索」經常浮現在 5 個媒介上，當中包括：面部表情、眼神接觸、身體動作、姿勢和觸碰。

面部表情：早在古羅馬時期，哲學家西塞羅（Marcus Tullius Cicero, 106BC-43BC）已經説過：「面容是展現心靈的圖像」。心理學家認同西塞羅是對的，同樣認為人的感受和情緒最容易反映在面部表情之上。在早期的時候，心理學家認為人有 5 種基本情緒能反映在面部表情之上，包括：憤怒（anger）、恐懼（fear）、快樂（happiness）、悲傷（sadness）及厭惡（disgust）。其後，有心理學家提出能反

映在面部表情之上的基本情緒不只 5 種。有人就提出驚訝（surprise）是第 6 種基本情緒，可是後來有學者發現驚訝不屬基本而是一種複合的情緒。正因為有複合的情緒，所以人的情緒以至反映在面部的表情才這樣的豐富。例如，見到有人為你辦一個突如其來的生日派對，你會快樂地驚訝；見到你那自稱勤力地溫了習的孩子拿出零分的測驗卷，你會憤怒地驚訝。這就是所謂的「複合情緒」（Compound emotions）。

眼神接觸：我們都很容易從別人的眼神看出他的情緒，但這種情緒是更具體地反映出一個人對社交的感受，例如：瞪眼凝視反映敵意、眼神閃縮反映害羞、適當的注視可反映投入對話等。不過，有時準確地詮釋別人的眼神着實需要一些閱歷或能力。以「凝視」為例，一對情侶情到濃時會凝望對方。可是，心懷敵意地盯着人也是一種凝視啊！試想像一個場面：在地鐵的車廂內，一位緊握拳頭的美女正在盯着一名樣貌猥瑣的男士。然而，那男士卻以充滿愛意的眼神凝望那位女士。這個奇怪地互相凝視的場面由石硤尾維持到藍田；而你基於好奇後續的發展一直在望着他們。光是在這場面中，我們就可以看到 3 種不

同的「凝視」了。如果沒有筆者的文字導航，讀者有信心分辨出3種「凝視」背後的訊息嗎？

身體動作、姿勢和觸碰：身體動作和姿勢亦很容易反映一個人當下的情緒和感受。例如，當一個人被激怒時，他或會不自覺地磨拳擦掌；當一個人不適應身處的社交場合時，他或會坐立不安；當一個人被陌生人靠近時，他或會交叉雙手抱胸猶如作擋格般等。在恰當的場合下，適量的觸碰有助表達友善和好感。例如：跟新認識的人握手、新冠病毒流行時以碰手肘代替握手等。不過，請各位讀者們一定要記住，跟自然而來的面部表情不一樣，身體動作、姿勢和觸碰受到後天教育和社會文化影響甚大。以Okay手勢為例子，在日本它被理解為金錢，在法國它被理解為零，在巴西就別Okay了……Okay手勢在巴西人眼中跟你舉中指作粗口手勢意思一樣。

除了面部表情、眼神接觸、身體動作、姿勢和觸碰之外，「非語言線索」還有別的類別，例如：語氣、語速、聲線等。讀者可以想像一下，同樣是一句「你好壞啊！」，因為語氣、語速、聲線等不同可以有多少個不同的版本。

情境一：兩個壞蛋學生在商量明天游泳堂的時候如何作弄某位同學。他們計劃趁那同學不留意的時候，在他的內褲塗上超強的薄荷膏，看看他之後上課時有甚麼反應。商量完畢，二人相視而笑，互相吐了一句：「你好壞啊！」然後二人一起哈哈大笑。

情境二：那位同學在游泳堂結束之後穿回被塗上薄荷膏的內褲。他起初並不知道，可是襠部位置漸漸猶如火燒一樣。他不停地嘗試把褲子拉低一點，讓褲子不要總是貼着自己皮膚。可是，這情景被班上的女同學注意到，大家都對他投以鄙夷的眼光。那位同學可謂形象盡毀。回想起游泳堂的時候是誰故意跟自己對話，他立即知道是誰人作弄他。可是，由於苦無證人，有冤無路訴，猶如啞子吃黃蓮一樣。那位同學狠狠地對兩個壞蛋說了句：「你好壞啊！」

情境三：若干年之後，那位被作弄的同學長大成人了。與他的情人在情人節慶祝時，不時彼此輕聲耳語，狀甚親密。他忽然想起這件青少年時期的糗事，跟女伴憶述了當時薄荷膏燒身的慘況。他的女伴忍不住說：「哎呀！多可憐啊！」那同學故意

露出不懷好意的神情說：「那麼，你要好好愛護一下我受傷的地方啊！」女伴的臉頓時紅得像蘋果一樣。那同學說：「你害羞甚麼？我是指我心靈受傷了！」女伴嬌媚地向他說了一句：「你好壞啊！」然後推了他一下。

是以，各位讀者千萬不要小看這些人際溝通間的「非語言線索」啊！睇相佬之所以能對你的事如數家珍，說不好都是你自己「告訴」別人的呢！

十七

三 分析

睇你印堂發黑，過來睇睇

宜 自省 覺察 醒悟

忌 怨天尤人 諉過於人

其實，當一個人聽到另一個人講「睇你印堂發黑，過來睇睇啦！」而他又會願意花時間坐下來聽別人講自己的運程。驅使他坐下來的到底是怎樣的動機和想法呢？

中國人有一句話「一命二運三風水」。其大概意思為決定人的一生有若干因素，如果按照其重要程度去排序的話，最重要的是命，其次是運，第三是風水。

此話來自小說《兒女英雄傳》第三十八回，按原文有「一命二運三風水」之外，還有「四積陰功五讀書」呢！故事講述主人翁安驥乃科舉一甲三名出身，因而被授了七品官職。後來，面聖時皇帝見他品格和氣度不凡，奏對間對答得體，結果，當了新中進士沒有幾天便連升五級，最後官拜國子監祭酒，成為四品京官。別人談到安驥這戲劇性的際遇時，不禁覺得他真的是命好、運好、風水好！不僅如此，若人家「命好、運好、風水好」，即使當武將出身的亦能數年內出將入相，更何況，安驥還多了「四積陰功」和「五讀書」兩層呢！這句話後來在民間繼續流傳開來。

不知甚麼時候，也不知道是誰，原本的「一命二運三風水四積陰功五讀書」有了新的版本。筆者找到的版本中，最長的加上至 15 項而成為「一命，二運，三風水，四積陰功，五讀書，六名，七相，八敬神，九交貴人，十養生，十一擇業與擇偶，十二趨吉及避凶，十三逢苦要無怨，十四

不固執善惡，十五榮光因緣來」（究竟要多
無聊才把人家只有 5 個項目的原話加到 15
項？！……（¬_¬））。

典故講完了，回到原來的版本去，所謂
「一命二運三風水」其實反映了一般人面
對成敗得失的典型心態。老實說，一個人
運程的順逆，不是自己最清楚嗎？需要
一個外人說「睇你印堂發黑」，才赫然發
現「係喎！雖然我近日上班遇暴雨、下班
逢打風、閒逛遭貓抓、遠足被狗咬、打球
篤魚蛋[1]、踢波踢斷腳、飲水嗆到、食飯噎
住……可是他不說我還真的察覺不了自己
運程不濟。經他這樣一說，我果然係頭頭
碰着黑啊！」這個人到底有多笨？當有人
對另一個人說「睇你印堂發黑，過來睇睇
啦！」而那個人又會坐下來聽，這無非是
那個人自覺近日諸事不順，難得有一位貌
似高人的仁兄也留意到，就聽聽他有甚麼
高論吧！

一般持這種心態的人，大多數都希望高人
給他一些甚麼（例如：符咒、配飾、擺設

1　粵語的「篤魚蛋」，又叫槌狀指。手指不小心撞到硬
物可導至槌狀指。常見於球類運動，例如籃球。由
於受傷過程似用竹籤拮魚蛋的動作，故粵語稱為「篤
魚蛋」。

等），以求改命或者轉運。然而，若請各位讀者按照你們的生活經驗，評一評以下的情況，你們的建議是：

解決學業成績差的問題，到底是勤力讀書，還是在家中某個方位放置文昌塔比較有效呢？

處理戀人若即若離的情況，到底是用心愛護對方，還是佩戴一串粉紅水晶手鏈來得有用呢？

希望成功獲得升職的機會，到底是以實力博取上司賞識，還是隨身袋着高人開光靈符效果更佳呢？

畀人睇不如自己睇

所以説，還是中國人有句話説得好「求人不如求自己，好運靠己最爽皮 [2]」（真的有這麼一句話嗎？(｡ŏ﹏ŏ)）。成敗得失與其向外求，等高人贈與行運錦囊，不如向內自省，靠自己去控制運勢吧？！關鍵在於我們的思維方式。

2　爽皮，廣東話潮語，感覺愉快、舒暢之意。

其實，人類是一種很喜歡尋根究底的生物。面對不同的事情，我們往往都會忍不住問句「點解？」，嘗試確認事件的原因。成績不濟時，學生會問：「為何我的成績總是比人差？」戀愛關係出問題時，戀人會問：「為何她對我總是愛理不理？」升職機會不是自己時，員工會問：「為何是選他而不是選我？」（老老實實，各位讀者有否試過望着 WhatsApp 的雙藍剔暗暗問自己對方為甚麼已讀不回呢？ = __ = ＋）心理學家對於「對某件事或某個行為結果找解釋的理由」這種心理現象稱之為 ——「歸因」（attribution）。

奧地利心理學家海德（Fritz Heider, 1896-1988）是其中一個研究這種心理現象的先驅。他提出了歸因理論（attribution theory）以了解這種現象。海德認為人們之所以不斷做出因果分析，部分原因在於他們試圖全面地理解社會存在[3]。根據海德的理論，對於因果分析的思考又可分為內在歸因（internal attribution）及外在歸因（external attribution）。內在歸因是將一件事的結果歸因於人的內在因素，如個人能

3　格里格、津巴多著，王壘、王甦等譯：《心理學與生活》，（北京：人民電郵出版社，2003 年），頁 489。

力、努力程度、情緒等。外在歸因則是將一件事的結果歸因於環境的力量，如事情的難度、運氣、際遇等。

人之所以往往沒有好好反省自己，從經驗中學習；而是怨天命、怨運氣、怨風水，那是因為心理學家所指的「自利性偏差」（self-serving bias）。所謂「自利性偏差」是指當一般人成功的時候，他們往往會將成功的原因歸結於自己（內在歸因）；而當一般人失敗的時候，他們往往會推託自己失敗的責任為環境因素（外在歸因）。

例如，當一個學生在考試中名列前茅時，他就會想：「這是因為我醒目過人！老師上課時我一聽就明白。自己溫習時估題目又全中，不得不稱讚一下自己，我實在是太厲害了！」（內在歸因：個人能力）可是，當一個學生在考試中名落孫山時，他就會想：「新年時早叫了媽媽在東北方放置文昌塔，都怪她沒有辦好！不是我不肯溫書，而是運氣實在不好！出題都是在我沒有溫習的範圍！」（外在歸因：運氣不濟）。又例如，當一個員工在升任面試成功時，他就會想：「這是因為我的業績好！跟舊客戶建立良好溝通無難度。就是找新客戶時亦很快能抓緊對方需要。我有理由不欣賞這

樣的自己嗎?」(內在歸因:努力程度);可是,當一個員工在升任面試失敗時,他就會唱:「命裏有時終需有　命裏無時莫強求　」心想:「是命!一定是命!」(外在歸因:命途多舛)。

不過,人的確是一種很奇怪的生物。人的歸因偏向不只在於「自讚」同時亦有「毀他」的傾向。這就是心理學家所講的「當事人─旁觀者偏誤」(actor-observer bias)。所謂「當事人─旁觀者偏誤」是指人會傾向將自己的行為用環境因素去解釋,傾向把他人的行為用內在因素去解釋。例如,你忘了帶一份重要文件,你或會說公事太多,或是客戶臨時要求,甚至你可能會認為是公司風水問題、流年不好令你運滯、某星逆行帶來惡運、準備文件時遇上鬼揞眼、上班乘車見到重複的太子站、回辦公室路上碰到鬼打牆……等。總之,在忘了帶重要文件這事上,主要是環境因素引致。可是,如果是你的同事忘了帶一份重要文件,你對事件的解釋就不再一樣了。原因只有一個,就是那同事能力不濟(用內在因素去解釋,完)!

朋友,你想行好運嗎?與其相信「一命,二運,三風水,四積陰功,五讀書」,不

如倒轉一下次序,改變一下思維。遇到失敗自我反省,面對成功表現謙遜;別人功成向其學習,人家失敗共渡難關。若你能這樣做,真到你「印堂發黑」處處碰釘時,你還怕身邊沒有幫助你的同伴嗎?總言之,求人不如求己!

十八

三 分析

命理師傅
賺錢容易嗎？

宜　博學　多聞　實學

忌　才疏學淺　愚昧無知

行文至此，讀者或有一個印象：「當個命理師傅賺錢真的很容易啊！」然後對於轉行產生憧憬，希望入行「搵快錢」，繼而賺個盆滿缽滿。不是筆者要潑各位冷水，大家對這行業還是不要存太多幻想。

請各位讀者想像一下，你坐在一位命理師傅的攤檔中，師傅為你進行占卜。在占卜過後，師傅拿起一本《周易》查看占卜結果。他在目錄找了 5 分鐘，終於找到了占卜所得的卦象在哪一頁。他揭到那一頁閱讀了一會兒。然後，他又對你說：「請再等一等！」之後，他從抽屜裏拿出了一本《周易白話今譯》，又讀了一會，一面恍然大悟的樣子，說：「啊！原來這句是這個意思！」他一手按着揭開了的《周易》和《周易白話今譯》，一手搖着手中寫著「氣定神閒」的白紙扇，一面自信地跟你說：「好了，這位施主……」然後間中又一臉茫然地望一望手中的書……請問各位讀者有甚麼感想？你們會對這位師傅有信心嗎？要讓顧客有信心，一位用《周易》的師傅熟讀《周易》那是必須的吧？可是，《周易》之中就有六十四卦，每一卦都有六爻和爻辭。定吉凶的爻和爻辭又要依據變爻的位置及數量而決定。如此一來，《周易》的占卜結果共有 384 種不同的可能。

你有沒有信心成為一位熟悉《周易》占卜師呢？

再者，作為一種專業，很多命理師傅都不只一門技能傍身。又以西方占卜最常見的塔羅牌為例。塔羅牌一般分大阿爾克那（例如，愚者、魔術師、女祭司等）共 22 張，和小阿爾克那（每組有編號由 Ace 到 10，及 4 張宮廷牌，包括侍從、騎士、皇后和國王，一副牌共有權杖、聖杯、寶劍及金幣 4 組）共 56 張。每張牌均有不同的意義。占卜師當然需要把它們都記下來。不然又會出現上述揭書查書那尷尬難堪的情況了！

不過，如果讀者因此就覺得學塔羅牌比學《周易》占卜容易，那就大錯特錯了。塔羅牌占卜有所謂「正位」和「逆位」的分別，其意義亦因此有所不同。例如，正位的星星牌意指光明的前途，而逆位的星星牌則意指期望的落空。然而，你不要以為「正位」和「逆位」之差異就是意義的倒轉。高塔牌的正位和逆位都是負面的、凶兆的意思。更複雜的是，塔羅牌占卜不只是抽抽一張牌來定吉凶而已，占卜師還有許多形形色色的牌陣要記。每個牌陣都有不同涵意，占卜師需要為所卜的事作出合適的選擇。牌陣可以簡單到三個牌位，也可以複雜如吊人牌陣、生命之樹、三組七牌等。

不管《周易》也好，塔羅牌也好，它們都不僅僅是一套「工具」而已。《周易》背後藏着中國古代人的世界觀、物極必反的邏輯、做人需要謙虛的道德觀等；塔羅牌背後同樣藏着不少西方社會的神話和文化意涵，如吊人牌與北歐神話的奧丁的關係、斯芬克斯與戰車的故事、命運之輪與占星學之關聯等。占卜師對這些文化、歷史、世界觀、哲學等愈是有深入的理解，就會對占卜結果的詮釋有所不同。可見，要當一位具真材實學的命理師傅可不是一件易事啊！

呃人落叠輕鬆又簡單？

讀者可能會問，若我不以當一位具真材實學的命理師傅為目標，我只想當一個能賺錢的江湖術士，這樣容易多了吧？筆者認為，比較做一位具真材實學的命理師傅，當個江湖術士肯定比較容易許多，可是卻不是毫無難度。要當一名成功的江湖術士，豐富的人生閱歷肯定少不了。當然，閱歷也可以由一代一代累積，透過師徒傳承教導下一代。在白玉石的《命相騙術大全》中，作者就提及過如何讓來訪者心悅誠服：

《英耀篇》與其說是「江湖騙術」，不如說是江湖心理學，它是無數江湖師傅的心血結晶。對於揣摸顧客心理自有獨到之處……當算命先生或相士把你的過去說得頭頭是道，你自然誠心信服，言聽計從。這一來，他們就有機會敲你一筆。(頁98)

作者在書中嘗試舉出一些事例，以說明江湖術士揣摸顧客心理的方法和邏輯。在書中，他以女子來訪問卜為例子：

有三兩位少女一齊進來，談笑晏晏，態度輕鬆。其中一位問卜、看氣色或算流年。你問她：「小姐，要問甚麼事呢？」她答道：「想知道幾時可以結婚。」不必排八字，不必占卜，不必觀氣色，你只要說：「快！你依家已經拍緊拖啦！」包保不錯。(頁100-101)

到底作者為甚麼夠膽保證「包保不錯」呢？白氏同時亦在書中交代了箇中的邏輯。

（一）年青少女若無對象，自必忙於玩樂，忙於找對象，而不會來問姻緣。

（二）臉帶喜色自然是好事近，聯群結隊而來，自然是好事不怕張揚。

（三）年青女子如果恰恰與男友分手，只會躲在房裏哭，而不會去問卜；百分之一去問也必帶幽怨之色，更不會聯群結隊而來。

（四）過了廿六、七歲的女子問姻緣。多因婚姻艱難，如非婚姻有阻滯，此刻是應該問子女，而不是問姻緣。

（五）臉帶憂鬱之色，自是寂寞難當，憂心如焚。

（六）獨自而來，皆因怕人取笑。（頁101-102）

其實，白玉石所言揣摸顧客心理的「知識」雖然在嚴謹程度上遠不及現代心理學的知識，但是背後運用的邏輯性質卻相差無幾。因此，對一般普羅大眾而言，他們即使是遇上了江湖術士，也會因其能對自

己的事説得有一定的準繩度而感信服。以白氏説女子心事為例，作者指那是來源於「無數江湖師傅的心血結晶」，這正是心理學研究背後常用的邏輯：歸納推理（inductive reasoning）。所謂歸納推理，乃是以觀察所見多個事例所得經驗為基礎，歸結出一個概括性的結論，藉以作為解釋或預測類似事件可能發生之根據的思維歷程 [1]。在許多本土化心理學（indigenous psychology）的研究中，歸納推理尤其重要。

在心理學的發展歷史中，大約在 1980 年代，亞洲學者對於西方理論是否適合直接套用在亞洲人身上開始提出懷疑。因此，亞洲學者漸漸將專注力放在亞洲人獨有的心理過程和行為上以作研究，繼而發展出本土化的心理學理論。為了解亞洲人的心理過程和行為，學者嘗試由收集回來的調查數據中找出亞洲人獨有的模式，再思考出有效解釋亞洲人的本土理論。這樣的思考方式正是運用了歸納推理。有許多本土心理學的發現都因此而建立出來，例如：在一孩政策下，內地的家長沒有一味地寵

1 張春興：《教育心理學：三化取向的理論與實踐》第二版，（台北：台灣東華書局股份有限公司，2013年），頁 166-168。

壞孩子。經歸納所得，低下階層出現兩極化的管教模式。若家長希望子女長大後能助家中脫貧，父母管教模式會很嚴厲；若家長覺得脫貧是天方夜譚之事，父母管教模式會傾向放任。上等階層的父母由於多數接受過良好教育，他們很會為子女計劃將來；可是，因為他們有巨大的財富，所以實際上沒有怎樣去逼子女要成就甚麼。研究結果顯示，中產階級父母的管教模式最好。中產階級的父母同樣多接受過良好教育，有能力教好子女，可是，他們沒有巨大的財富留給孩子，為了子女的未來安穩，他們有需要子女自身成為出色的人 [2]。

如此一來，若有江湖術士讀了這項研究，他們的徒弟可能又會多一些項目了：

（一）低下階層的父母來問子女前程，定必緊張孩子未來。一定希望藉孩子脫貧。

（二）富有人家來問子女之事，由於家底雄厚，必不用問子女成就功業……

所以說，讀者們也不要小看那些江湖術士啊！要有飯開，他們都委實不易！

2　這項研究來自呂俊甫：《華人性格研究》第二版，（台北：遠流，2014 年）。

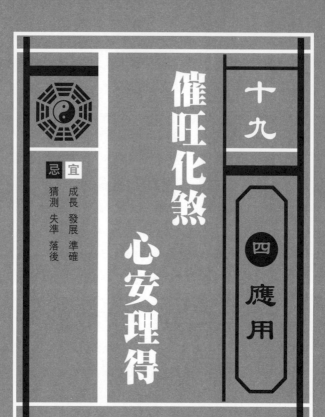

十九

催旺化煞 心安理得

四 應用

人，到底為甚麼要知道未來？未知各位讀者有沒有想過這個問題呢？

人對於「知道未來」的熱忱可謂已成一種商品、一種服務，而且更是歷久不衰。走進任何一間書店，你都會見到有關占卜和預言的書。古代的代表有《新譯乾坤萬年歌》、《解讀推背圖》、《圖解燒餅歌》等。西方的代表有《諸世紀》、《海奧華預言》、《克雷姆納預言》等。現代的代表則有各大知名風水師傅的著作。即使你人不在書店，只要你用手機以「預言」二字作搜尋，在互聯網走一轉，一定不會錯過甚麼「盲眼神婆」、「印度神童」、「金星人歐米娜」等。等到晚上，你再到廟街逛一逛，這攤檔提供靈擺占卜，那攤檔提供盧恩符石占卜；這位師傅面戴墨鏡，手搖龜殼，那位師傅右手拿水晶，左手執塔羅牌。街上各師傅提供的服務可謂一應俱全。讀者們又有沒有光顧過這類型的商品或服務呢？

筆者有幸拜讀過由台大哲學系編著的《世界命理全集》。「全集」的內容可謂包羅萬有，包括手相、指紋占卜、吉普賽魔牌、紫微斗數等 10 部作品。難怪「全集」封面上亦不客氣地自稱「收盡古今中外相命奇書」，所言非虛。在第九冊《四柱與八字》之中，編著者高山青在〈序言〉中就提到一般人占卜的心態：

走路的時候，突然被大樓掉下來的招牌打傷，這時候，人們會想到，如果事先注意到這種意外，也就是說早就有警告的話，當然不會這樣倒楣了。

預測未來可能發生的事象，以確保自身的安危，是人人期望的普遍現象。由這個願望而研究出預測未來的方法，也就是「占卜」的起源。

根據高山青的說法，占卜的起源無非出於一個極為簡單的動機，那就是確保自身的安危。如果事先注意到自己命途的發展，人們就可以事先預備去面對將要來之事。遇好事就讓好運延長，遇壞事就事先想個辦法避開。畢竟世界沒有人喜歡逃避快樂，趨向痛苦吧？！

江湖術士都可以預知未來？

白玉石在《命相騙術大全》中反覆地提到一本書，堪稱「師門之寶」，其名字叫〈英耀篇〉。根據白氏之解釋，〈英耀〉之名來源於「英」，就是家底、身世的意思，「耀」就是用非常高明的手法去取得的意思。合起來就是「怎樣運用高明的手法去使對方

透露自己的家底、身世、從前境遇」之意。以下是《英耀篇》其中一段文字：

父年高而母年細，定必偏生庶出。己年細妻年高，當然苟合私逃。子年與妻年訪彿，非填房定偏室坐正。父年與己年相等，不是過繼定螟蛉。老人問子，雖多亦寡，憂愁可斷。少年問子，雖有亦女，立即分清。早娶妻之人，父業可卜。遲立室者，祖業凋零。當家早，父父先喪……

正如前章曾述，即使江湖術士沒有窺看天機的能力，我們仍不可小覷歸納的力量。不管是江湖術士自己幾十年的人生閱歷，還是師徒歷代間相傳的知識結晶，他們都歸納許多對人形形色色的閱歷。當父親而又會有心求問命理師傅的，誰不是關心兒女的前途？當兒女問年邁父母的，誰不是牽掛父母的健康安危呢？一位男士人到中年來問事業，誰不是在職場中遇上運氣滯後，做事情不順利呢？一位中年婦女不問兒女而問丈夫，誰不是邪花入宅，引致家宅不寧呢？這些觀察不要說十成準確，也有六七成可能。再加上來訪者的神情、動態、語氣等非語言溝通線索，江湖術士也可以對來訪者的事猜個八九成呢！

不過，正如白玉石對《英耀篇》的評價一樣，《英耀篇》雖然教人估算猜度別人的方法有一定準確度，可是都已經是「封建社會」的年代了。

這「秘本」是用駢體文寫的，全文不過七百多字，卻把封建社會裏倫理之間的利害關係，各色各樣人物的意願和欲望，怎樣從他們的外表、言語來觀察他們的身世和內心世界，怎樣使他們吐露自己的家底、身世的方法……等，都很概括地寫了出來。

文中所言的甚麼「偏生庶出」，甚麼「填房偏室」，甚麼「過繼螟蛉 1」等人倫關係在現代社會幾乎都沒有了。現代還有多少人有祖業可繼承？現代戀愛不合即分，還有怨婦求問如何挽留夫君嗎？現代社會少子化，不生下一代的想法普遍，還有多少人會求綿延宗嗣而求子息呢？那麼，江湖術士要怎麼辦？

1　螟蛉，原意為桑樹上的小青蟲。古人又把養子、義子稱為「螟蛉」。

心理學家都可以預知未來！

回答以上的問題，筆者建議有志從事江湖術士者可以在大學選心理學為主修。心理學家研究目標有五，包括描述、解釋、預測、控制行為及提高人類生活的質量[2]。心理學家以嚴謹的科學方法收集數據，研究歸納所得的有關人的心理過程和行為的現象，建立理論去解釋背後原理。因此，心理學家同樣有能力預測某心理過程和行為出現的條件和情況。

以亞伯拉罕·哈羅德·馬斯洛（Abraham H. Maslow, 1908-1970）的需求層次論（need hierarchy theory）為例，人的需求根據這理論包括 5 層：生理需要、安全需要、歸屬和愛的需要、自尊需要以及自我實現的需要。如果有一個人長期處於食不好和喝不好的狀態，對這個人而言，甚麼對他最重要呢？是朋友的信賴？是情人的愛慕？還是作為一個人的自尊心？都不是呢！這個人最大的願望一定是食物和飲料！如果一個人身處的狀況有充足的飲食，那麼下一步他最想求的是甚麼？按照馬斯洛

2 格里格、津巴多著，王壘、王甦等譯：《心理學與生活》。（北京：人民郵電出版社，2003 年），頁 4。

的理論，那應該是一個令他起居生活覺得安全平穩的地方。當一個人能吃得飽、穿得暖、生活環境又安全，那麼他之後最關注的會變成甚麼呢？交朋結友！他會希望得到人的接納、關心和被愛，而且在他穩獲別人的關愛之後，他也會嘗試去將愛施予別人。這些都是藉由馬斯洛理論對人的心理過程和行為所作出的預測。

馬斯洛的需求層次模式

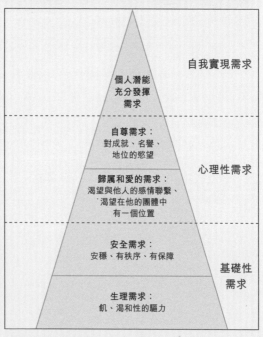

（圖片來源：黃希庭，2002，頁 378）[3]

3　黃希庭：《人格心理學》。（杭州：浙江教育出版社，2002 年）。

又以艾瑞克森（Erik Homburger Erikson, 1902-1994）的心理社會發展階段理論為例。艾瑞克森將人的一生分為 8 個階段，並指出一個人自我成長和社會關係是不可分割的。按照他的理論，如果有一個小學生說他生活不愉快，我們大可以猜他在學校裏與同學們之間出現問題。甚至我們可以更具體地猜，他的不愉快多半是因為學術成績被比下去，老師稱讚其他同學而未有給他足夠的關注。如果一個青少年說他生活不愉快，我們大可以猜他與同輩之間發生了相處的問題。甚至我們可以更具體地猜，他的不愉快多半基於其不知道自己的獨特性、角色和個人價值；他因為沒有具體的人生方向而充滿混亂的感覺。如果一個年青的成年人說他生活不愉快，我們大可以猜他無法與他人建立起具有滿足感的親密關係。他因為感到孤獨而生活得不愉快。這些都是藉由艾瑞克森理論對人在不同年齡階段和社交問題所作出的預測。

《英耀篇》或因為時代的關係令其準確度逐漸減退了，但各位江湖的朋友，不用怕！心理學家幫到你！而且，比起《英耀篇》，心理學理論的預測能力有過之而無不及呢！

艾瑞克森的人生八階理論簡介表

大致年齡	危機	充分解決	不充分解決
0-1.5	信任對不信任	基本信任感	不安全感、焦慮
1.5-3	自主性對羞愧與懷疑	知道自己有能力控制自己的身體、做某些事情	感到無法完全控制事情
3-6	主動性對內疚	相信自己是發起者、創造者	感到自己沒有價值
6-12	勤奮對自卑	豐富的社會技能和認知技能	缺乏自信心，有失敗感
12-18	同一性對角色混亂	自我認同感形成，明白自己是誰、接受並欣賞自己	感到自己是充滿混亂的、變化不定的，不清楚自己是誰
18-24	親密對孤獨	有能力與他人建立親密的、需要承諾的關係	感到孤獨、隔絕；否認需要親密感
25-65	繁殖對停滯	更關注家庭、社會和後代	過份自我關注，缺乏未來的定向
65-死亡	自我整合與絕望	完善感，對自己的一生感到滿足	感到無用、沮喪

為何儀式老是常出現？

二十

四

應用

今時今日，儀式總是與宗教玄學的事分不開。細微至去除惡運是非的打小人，大至延長生命化解病厄的種生基；上至請神仙降臨來占卜的扶乩，下至作法與先人溝通的問米，當中無一不涉及一些儀式。就以在香港人之間可謂街知巷聞的打小人為例，它所涉的儀式可不簡單唷！別以為一對木屐、一隻紙老虎、一張阿婆利嘴就可以了。

打小人可不只一個阿婆執起木屐敲個
「叩、叩、叩」，口中唸唸有詞「打你個
小人頭，打到你變個死人頭。打你隻小人
手，打到你有氣無掟抖」，這樣就成了（網
上有人分享了他們聽過的阿婆打小人的
咒語，當中有不同的版本，包括了「婆仔
版」、「精裝版」和「珍藏版」。有些句子
真係好毒…… 其中一句筆者最深印象的
是「打你個小人耳，等你日日痾爛屎，扷
屎用手指」Σ(°△°|||)……）。根據黃競聰
博士《簡明香港華人風俗史》的說法，光
是打小人的儀式就已經有以下的準備和
過程。

打小人儀式

程序	儀式內容	祭品及物資
稟神	信眾在神像前上香，敬備祭品，神婆向各神明報上事主姓名八字，繼而稟告「小人」的名字和住址，以及要「打」的對象或事項。	神像一尊、香爐一個、蠟燭一對、香三支、燒肉、生果等祭品
打小人	用鞋拍打五鬼紙、男、女小人，口中同時唸着口訣，包括咒罵小人的語句、替自己祈福的內容。	磚石一塊、鞋一隻、五鬼紙、男、女小人

程序	儀式內容	祭品及物資
祭白虎	以肥豬肉或豬血抹掃於紙老虎口，鄉民亦會向紙老虎灑燒酒，寓意白虎菩薩飲飽食醉，不再張口傷人，並且將小人咬着，使其不再作惡，可見此行為具賄賂白虎的意義。	白虎紙、肥豬肉、臭雞蛋、燒酒、插香香梨、元寶、五鬼紙、男、女小人、馬、鎖鏈、小人、吉紙等
化解	撒芝麻、綠豆、米等在地上，寓意把不穢東西送走。神婆用百解符先向神明稟告，後往事主身上掃，最後化去百解符，目的是為事主祈福，解去小人及一切不祥的東西。	芝麻、綠豆、米、大百解
祈福	迎接貴人，儀式包括化去貴人衣、圓貴人、長貴人、長命富貴等吉祥衣紙，祈求貴人相助，趨吉避凶。	貴人紙、祿馬等
進寶	化金銀元寶、冥通錢等，供奉鬼神。	元寶、金銀、溪錢
擲杯	將兩塊半月、一面平一面凸的筊杯擲出，向上為陽、向下為陰，擲到出現一上一下的「聖杯」為止，表示上天已答應事主的要求，趕走小人，保佑事主平安大吉。	筊杯

（黃競聰，2020，頁70-71）

其實，各位讀者有沒有想過儀式的存在有甚麼意義呢？儀式是甚麼時候出現？儀式的過程是如此細緻，這些具體步驟、所需物資、效果等到底是怎樣知道的呢？未知大家有沒有留意到，以往在宗教史上赫赫有名的偉人往往都沒有進行甚麼宗教儀式便成就他們的神蹟奇事。

想當年摩西分開海水以過紅海之前，他並沒有「於紅海岸上，設香案，鋪祭物，列燈四十九盞，揚幡招魂；將饅頭等物，陳設於地。三更時分，摩西金冠鶴氅，親自臨祭，令從者讀祭文」[1]。想當年耶穌在復活崖魯的女兒之前，他亦沒有對崖魯說：「吾素諳祈禳之法。汝可引甲士四十九人，各執皂旗，穿皂衣，環遶帳外；我自於帳中祈禳北斗。若七日內主燈不滅，汝的女兒壽可增一紀」[2]。那麼，到底儀式的意義是甚麼？為何儀式老是常出現呢？

---

1 這段文字來自《三國演義》第九十一回諸葛亮祭瀘水的劇情。
2 這段文字來自《三國演義》第一百零三回諸葛亮禳星求延命的劇情。

有趣的「儀式」

讓我們先初步地了解一下「儀式」吧！儀式有一個有趣的性質，它不一定是宗教性的，可是很少宗教不含任何儀式。換言之，儀式與宗教沒有必然的關係，但宗教與儀式的關係幾乎是必然的。舉些例子吧！畢業禮常見有「撥穗禮」的儀式。在畢業生未被頒授學位之前，四方帽的帽穗會垂在右前方。所謂「撥穗禮」是指師長（通常會是校長、學院院長或系主任）為畢業生將帽穗由右邊撥到左邊，這樣象徵學生已經畢業並取得學位。又例如，升旗亦為儀式的一種，出席儀式的人士需向旗幟行注目禮，甚或以適當的方式向旗幟敬禮。如果是由政府帶頭進行升旗儀式，往往更是有穿着禮服的警務人員，包括槍隊成員、升旗手及警察樂隊等去進行儀式。以上例子均是沒有宗教性的儀式。至於宗教性的儀式，我猜讀者們更為熟悉，不難想到例子吧？！例如，基督宗教的浸禮、聖餐禮、追思禮拜等；佛教的皈依授戒、三時繫念、水陸法會等；道教的破地獄、打醮、禮斗等；伊斯蘭教的宣讀清真言、每天五次的禮拜等。

那麼，為甚麼宗教與儀式有如此密不可分的關係呢？從宗教學的角度來講，儀式有

一種讓人們由凡俗走向神聖的功效。試想想，我們日常生活會進食，基督宗教的聖餐禮也會進食。為甚麼我們在聖餐禮所領的無酵餅跟我們在家裏食的光酥餅是不一樣的呢？那是因為兩者在意義上不一樣。聖餐禮所領的無酵餅是神聖的，而我們在家裏食的光酥餅只是屬於世俗的食物。造成兩者的差異是宗教的儀式，以及儀式所賦予的意義。聖餐禮所領的無酵餅是在彌撒以後，經過神父的祝福儀式的。在領聖餐之前，信徒亦會進行禱告，預備自己以恭敬的心領受主餐。整個儀式令這一塊原只屬食物範疇的餅被賦予神聖的意義。同理，如果有一位著名的「大師」拿了你家中的光酥餅進行了加持儀式，並賭上自己的名聲保證這塊餅可護祐你一世平安，這塊光酥餅在你心目中的地位頓時亦會跟其他的餅乾不一樣。

從心理學的角度而言，儀式對人的心理和行為的影響可多了。根據 Hobson 等心理學家的研究所得 [3]，儀式對人的影響最少可

3　Hobson, N. M., Schroeder, J., Risen, J. L., Xygalatas, D., & Inzlicht, M. (2018). The Psychology of Rituals: An Integrative Review and Process-Based Framework. *Personality and Social Psychology Review*, 22(3), pp.260-284.

以分 3 個不同的範疇，包括：情緒的規約和調整（emotional regulation）、表現的規約和調整（performance regulation），及社交聯繫上的規約和調整（regulating social connections）。更進一步而言，在每個範疇之中均可分為「自上而下」（top-down processes）和「自下而上」（bottom-up processes）的心理過程。當一個信徒在參與宗教儀式的時候，由信徒自身產生的心理狀況（自下而上）有：情緒方面專注在儀式上而排除了焦慮情緒、表現方面儀式的參與提升其參與感和沉浸感、社交聯繫方面由於與其他信徒同步地參與儀式而在彼此之間生成出團結和凝聚力。由儀式主持人一方影響信徒而產生的心理狀況（自上而下）有：情緒方面藉儀式給予信徒指引而減低信徒因不穩定性產生的焦慮、表現方面參與儀式有助提升信徒事情將會向好發展的信心、社交聯繫方面由於儀式有一眾人願意隨之一起參與有助提高可信度和彼此關係。以上只是學者部分的研究成果，由此看來儀式對人的心理和行為都有很大的影響。

相信各位讀者現在明白「儀式」為何老是常出現了吧？儀式背後的內涵可不簡單唷！

廿一

四 應用

年青新一代的心態

宜 自主 獨立 靠自己

忌 人云亦云 過度依賴

老實說，雖然拙作已經不是筆者第一本書了，但我仍不太知道自己讀者是哪一個年齡層。70後？80後？還是更年青的一代？我這樣問的原因，是我有興趣了解一下各位對占卜、星相、風水等事物的看法。

大家是真心相信它們確有其事，有能力預知未來、改變運勢、趨吉避凶？還是，大家抱持着一種「長輩一直在做，身邊亦偶見朋友這樣做，自己不做好似吃了虧一樣」的心態？通常抱持這種心態的人或同時都會有「寧可信其有」的想法。也許自己的確不太相信，然而跟大隊的成本又不大，何樂而不為呢？於是，每年的年頭你都會待在電視前，看看風水師傅講這方位放甚麼那個方位甚麼；又或者，你每年都會買本《X年運程》，看看是年要多穿甚麼顏色的衣裳、要佩戴甚麼飾物、要不要去洗牙或捐血；又或者，你每年都會在農曆年初三跟家中長輩去一去車公廟，轉一轉風車，敲一敲鐘鼓，求一求靈籤，然後在廟外的攤販買個風車心滿意足地回家。不知道以上的描述是不是讀者你每年新年的寫照呢？

曾有一位著名的社會學家韋伯（Maximilian Karl Emil Weber, 1864-1920）預測，在這個科學知識越來越發達的世界裏，宗教隨着理性化越益發展，已被歸置到非理性的領域裏去了。故此在社會、法律及各種制度之營運上，宗教會慢慢地失去其影響力。可是，時至今日，我們仍見到宗教沒有在人類文化中消失。另一位出色的社會

學家伯格（Peter Ludwig Berger, 1929-2017）在他的《天使的傳言》一書中，更指出在現代社會出現了一些有趣的現象。在理性主義高掛的現代社會中，有 80% 的受訪美國學生表示「需要宗教信仰」、86% 的受訪聯邦德國人民承認他們會做禱告、在英國的研究中有 50% 的受訪者找過算命先生等[1]。那麼，在這個教育程度普遍提高了許多的香港社會，到底一位年青人在廟裏求神拜佛時、在購置風水物品時、在依運程書作穿戴時，他們的心裏到底在想甚麼呢？

年青新一代對待有關宗教、命理之事的心態，一直引起學者不少興趣。別以為年青人願意跟親朋好友一起參與宗教命理的儀式，就等於他們由衷地相信它們的效能。他們心裏想的可能遠超你想像。邁爾斯（John T. Myers）與 Davy Leung 曾在 1972 至 1973 年間在觀塘社區中進行了潮洲人的大王爺信仰研究。研究期間有受訪者指出即使在他出生地的村莊，早於 1949 年開始，許多傳統習俗已經開始消失，因為人們對它們的效能產生了懷疑。受訪者

1　貝格爾著，高師寧譯：《天使的傳言》，（北京：中國人民大學出版社，2010 年），頁 28-29。

又指他十分驚訝在觀塘這個社區，大王爺信仰竟然更加鼎盛。對信仰產生懷疑卻又更鼎盛，研究者分析這現象時認為大王爺廟已經變成了一種鄉族的象徵，是潮州人的廟。大王爺廟為在港的潮州人提供了一個物理和社交的連結之地，藉以維繫及促進潮州人間的情誼。可見，即使一個人在參與宗教活動，亦不一定等於他相信這個宗教，而是另有一些考量。

親朋戚友的神助攻

邁爾斯的研究已經是在 1970 年代進行了。在今日的香港社會，教育不僅更為普及，年青一代的教育水平更是大大提升。當他們參與有關宗教、命理之事的時候，心裏到底在想甚麼呢？如果「長輩一直在做，身邊亦偶見朋友這樣做，自己不做好似吃了虧一樣」這句話真的能描述你的心態，其實當中就已經涉及了兩種心理學的概念。第一，你觀察到甚麼？你從你的觀察學習了甚麼？第二，為甚麼身邊的人在做，你就會有壓力跟着做？陳永艷等學者在〈迷信心理研究述評〉[2] 一文中就曾提出

2　陳永艷、張進輔、李建（2009）。〈迷信心理研究述評〉。《心理科學進展》17（1），頁 218-226。

有甚麼的心理機制促使一個人參與迷信行為。在該文中作者為以上的兩組問題提出了解說。

有關第一組的問題，陳氏等學者以班度拉（Albert Bandura, 1925-2021）提出「觀察學習」（Observational learning）的概念作出解釋。所謂「觀察學習」是指個體僅僅是在觀察到他人的行為被強化或被懲罰後，才在後來或者做出類似行為，或者抑制該行為[3]。比如看到別人在某方位放置了風水物品而發了財，自己就馬上購買風水物品來放置；比如看到別人佩戴粉紅色水晶而人緣好了，自己就立即買來佩戴。在我們的文化之中，我們觀察到許多相類似的事。例如，有人告訴你選車牌選電話號碼要選有 6 有 8 的而避開有 4 有 7 的，因為這樣可以帶來好運；有人告訴你年頭一定要看看自己的生肖有沒有犯太歲，因為犯了太歲的話要進行攝太歲的儀式才能避開厄運；有人告訴你流年有血光之災就要去洗牙捐血，不然就有壞事降臨到你身上了。在我們的生活圈子裏，總是不斷有人會灌輸一些「我某年做了甚麼風水命理相

3　格里格、津巴多著，王壘、王甦等譯：《心理學與生活》，（北京：人民電郵出版社，2003 年），頁 187。

關的行為 ➜ 我在那年獲得了好運」或「我某年沒有做甚麼風水命理相關的行為 ➜ 我在那年遇上了惡運」的資訊給我們。雖然這些事情事實上很難驗證，但是告訴你的人往往會指出這是他的親身見證。不少人不免受這種「觀察別人的見證及後果」影響，結果這些行為慢慢就在人與人之間傳播開來。

有關第二組的問題，陳氏等學者認為很多迷信者的迷信行為都是從眾（conformity）的表現。「從眾」指的是人們採納其他群體成員的行為和意見的傾向[4]。阿希（Solomon Eliot Asch, 1907-1996）就曾對「從眾」這議題進行研究。他使用了實驗研究法，研究設計讓受試者坐在一張有 7 到 9 個人的桌子旁。受試者會被故意安排坐在倒數第二的位置。實驗除了受試者一人之外，其餘的人全都是實驗者的共謀。工作人員會先讓他們（受試者加一眾共謀）看一張卡片。這卡片上有一條直線。之後，工作人員會再讓他們看第二張卡片。第二張卡片上有 3 條長度不同的直線。然後，工作人員會要求他們從第二張卡中指認出第一張卡片上的直線長度相同的線。在某些被

4　同前註，頁 483。

操弄的情景中，實驗者的共謀會共同給予一個錯誤的答案。阿希研究目的旨在觀察在這樣的情景中，受試者會不會從眾而跟眾人一起選擇該錯誤的答案。研究結果顯示，即使所選的答案明顯有誤，在三分之一的情況下，受試者仍會跟從眾人的不正確答案。總的來說，有百分之七十五的受試者至少會有一次從眾而選擇了不正確答案。

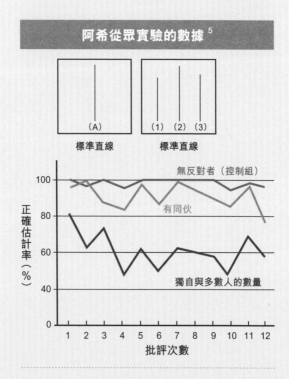

阿希從眾實驗的數據 [5]

5 詳見：同前註，頁 484-486；佛光大學心理學系（2010）。〈心理大師：Solomon Asch〉。佛光大學網站：https://www.fgu.edu.tw/~psychology/know/data/personal/SolomonAsch.htm，瀏覽日期：2024年 4 月 25 日。

為甚麼說很多迷信者的迷信行為都是從眾的表現呢？我們可以從兩方面去闡釋。第一方面，信息性影響（informational influence）：希望準確無誤，想了解某既定情景下正確的反應方式[6]。人在許多新的人生情景下都不知怎樣做才可以好好處理事情。於是，我們就傾向觀察並跟從別人的做法。筆者授課時很喜歡用餐桌禮儀做例子。你去到一間高級餐廳吃法國料理，看到桌子上一大堆餐具，你根本不知道如何是好。因此，你嘗試觀察其他人怎樣做，你會選擇跟從眾多食客都在使用餐具的方法和次第，因為他們成為了你有用的參考信息。同理，你人生中第一次置業，你根本不知道怎樣做才叫「順利入伙」。你阿爸、阿媽、阿婆、阿嫲、阿爺、阿公、阿姨、三叔婆、大姨媽等等都叫你在通勝裏找出一日宜搬遷的日子，並要拜過四角才好入伙。於是，在眾人均提供這「順利入伙」的做法下，你以他們的建議作為你的參考因而從眾去擇日入伙和拜四角，希望入伙後一切順順利利。

6 格里格、津巴多著，王壘、王甦等譯：《心理學與生活》，（北京：人民電郵出版社，2003年），頁483。

另一方面，是規範性影響（informational influence）：希望被別人喜歡、接受、支持[7]。例如，你剛加入一間公司，你希望同事們儘快接納你，視你為自己人。你知道他們有下班後一起去喝酒的習慣。本來不好杯中物的你，因為希望融入這群體，所以晚晚都跟他們喝酒去。同樣地，請你想像一下，你新加入了一間公司，公司門口有三腳蟾蜍，詢問處有吸水白玉大象，上司桌上有白水晶簇，老闆辦公室內供奉了運財童子，就連清潔姐姐都定時定候燒一燒鼠尾草。你只要不是盲眼的都知道上至高層下至清潔工人都相信風水。也許你不相信風水，可是你覺得你會從眾而跟同事談談這方面的話題，並在桌上放置一下聚財的小風水擺設嗎？唔⋯⋯根據阿希的研究結論，筆者猜你會為了同事更容易接納你而從眾吧！

7 同前註。

廿二

四 應用

驚蟄打小人

不知道各位讀者對於打小人的儀式有多少認識呢？這一種針對「仇家」而發洩不滿的儀式，似乎在不同的文化之中都存在着。著名的例子就有：日本的鐵釘草人，筆者最喜歡的漫畫家伊藤潤二就有惡童雙一釘草人的情節♥♥；非洲的巫蠱娃娃，它們更是成為了可愛產品而在市場上到處可見。在世界不同地方都有着同類型的儀式，讀者覺得其箇中原因為何呢？

或者，在各位讀者眼中，「打小人」顧名思義就是要打小人、尅制小人、趕走小人嘛！我們經常聽到的「打小人咒語」不都是罵人、咒人的說話嗎？「打你個小人頭，打到你變個死人頭。打你隻小人手，打到你有氣無掟抖。打你隻小人腳，打到你有排無衫着。打你個小人口，打到你成日係咁嘔……」事實上，打小人的意義不盡於此。

首先，「打小人咒語」並沒有所謂統一的版本，在一些由學者收集回來的版本之中，「咒語」並不全部屬於咒罵人的說話。

在施仲謀、杜若鴻、鄔翠文等學者編著的《香港傳統文化》裏，就收錄了一個內含祝福語的版本：

今晚嚟打四方小人，打到佢哋永不返轉頭；打佢小人腳，等佢爛手又爛腳；打小人個身，等佢咪上身；打四方小人，打到佢哋永不回頭；打佢小人腳，等佢爛手又爛腳。打咗小人貴人嚟，東南西北出路遇貴人，春夏秋冬行好運，工作順利；打咗小人就橫財就手，心想事成，奪得人緣，奪得朋友緣；心想事成，今年後年中六合

彩；打佢哋小人就闔家笑微微，老老
嫩嫩，身壯力健，龍馬精神。[1]

在施氏等人收集的「咒語」中，我們見到
幾乎六成的內容是屬於正面的祝福語，包
括「遇貴人」、「行好運」、「工作順利」、
「橫財就手」、「心想事成」等。查「打小人」
的儀式流程，在黃競聰的《簡明香港華人
風俗史》中，在「打小人」、「祭白虎」、
「化解」的儀式之後便是「祈福」了（詳細
可見〈為何儀式老是常出現？〉一章）。
「打小人」的儀式其實反映了民間信仰最典
型亦是最核心的精神。民間信仰雖然往往
不如一些「正統」宗教那麼有系統（例如：
沒有一部代表性的聖典、沒有專職的神職
人員、信仰者鮮有甚麼明確的倫理要持
守、信仰者又不會成立甚麼宗教團體等），
但是有趣的是信仰者參與的動機則非常一
致，那就是「求福」和「避禍」。學者楊劍
豐在研究台灣民間信仰[2]時就提及這種求福
避禍的精神。漁民為甚麼會拜媽祖？那是
出於希望避開風災海難而保平安的動機。
農民為甚麼會拜土地公？那當然是出於希

----

1 施仲謀、杜若鴻、鄔翠文編。《香港傳統文化》。
 （香港：中華書局，2013），頁 41-42。
2 楊劍豐（2013）。〈台灣民間信仰中的環境意識〉。
 《應用倫理評論》第 54 期，頁 63-76。

望田產豐饒的動機。「打小人」的儀式同樣包含了「求福」和「避禍」的涵意。

咒你不死，發洩也好

不過，筆者甘冒此書出版後被當小人打的風險，也要說一句：如果打小人真的如此靈驗，大概讀者們就會在報章上見到：

【本報訊】（記者　卑鄙的小草）日前，警方在灣仔鵝頸橋橋底採取拘捕行動。行動中拘捕了六名女性打手，年齡介乎六十五至八十歲之間。她們在農曆三月初多次受僱蓄意嚴重傷害他人身體，使對方有氣無掟抖、成日係咁嘔，以及日日痾爛屎。警方在行動之中搜獲大量大殺傷力武器，共有木屐十二對、塑膠人字拖六對，以及高跟婆仔鞋十隻。警方相信仍有三名打手在逃，如市民有所發現，請儘快與警方重案組聯絡。警方在記者會中再三作出警告「打小人」屬於嚴重的傷人罪行，一旦罪成最高刑罰可致終身監禁，請市民不要以身試法。

（以上報道純粹虛構）

可是，為甚麼當大多數人都未必相信「打小人」的實際功效時，社會上仍然會有人願意花錢光顧這種「服務」呢？《香港傳統文化》有以下一段文字，筆者認為作者們的説法不無道理：

> 隨着時代的變遷，打小人的儀式也有輕微轉變。打小人可以親力親為，也可以假手於人，近年甚至出現了「網上打小人」，形式轉向遊戲化、電腦化。至於是否同樣具有制服小人的功能，那就見仁見智了。打小人只是對情感的發泄，抒發情緒的方法；發泄之後，心情自然會平和下來，能否做到趕走小人的效果，或許，根本是不重要的。（頁 42）

施氏等學者的説法並非罕覯。在 2009 年，《時代》雜誌就把「打小人」選為亞洲安慰心靈的最佳事物之一（Best for the Soul）。那篇報導的結尾一段就引述人類學家喬健教授指 "the purpose of beating the petty person isn't to kill someone. The purpose is to tell people to stop messing with you" 而「打小人」的功用正在於 "feel like outsourcing your anger"！

不同的心理學家對於憤怒以及憤怒的疏導有不同的看法。佛洛伊德（Sigmund Freud, 1856-1939）有關憤怒以及攻擊行為的理論在上世紀初佔有極其重要的位置。雖然他的理論後來被抨擊欠實證支持，但是他對於後來的心理學發展仍有舉足輕重的影響。

在處理憤怒這議題上，佛洛伊德認為人跟動物一樣，都會受到本能（instinct）的驅使影響。本能依其性質可分為兩種：生的本能（life instinct）和死的本能（death instinct）。

生的本能是指一切與保存生命有關的本能，死的本能是指驅使人回到有生命之前的無機物狀態[3]。生的本能主要驅使人去進行延長生命的行為，例如餓而欲飽、渴而欲飲、性欲的滿足等。死的本能主要衍生出最重要的本能是攻擊（aggression）。由此可知，人的憤怒、攻擊欲，及攻擊性的行為均從死的本能衍生而出。

佛洛伊德將人看作為一個複雜的能量系統。該系統的能量源泉均來自於本能，而

3　黃希庭（2013），《人格心理學》。杭州：浙江教育出版社，頁87。

本能總是尋求立即解除緊張，求得滿足[4]。然而，由於人是群體性的動物，身處群體就意味着人的行為會受社會規範影響；來自本能的欲望和衝動不一定能夠被滿足而令人產生緊張和焦慮。例如，我們見到美麗的異性會有性方面的衝動，可是社會規範不會接受我們立即紓解這衝動。

又例如，我們在街上被一個面目可憎的人踩了一腳，我們很想打他一頓但這樣是犯法的。我們在生活上經常都出現被抑制的欲望。然而，被抑制的欲望是不會無故消失的，直至它得到滿足為止。是以，除非那人能夠找出別的途徑轉移宣洩欲望，又或者將欲望加以修飾令人覺得沒有抵觸社會規範，否則根據佛洛伊德的理論，那人會持續地感到一種緊張不安的焦慮情緒。

「打小人」正正為我們提供了一個社會規範能接受、沒有犯法的方式，讓我們將對「小人」的憤怒和恨意盡情發洩的途徑。「打小人」的「咒語」可以說是一種赤裸裸的、毫不修飾的暴力：「有錢唔識收，有樓變喳兜」、「全家中非典，成世都犯賤」、「成世都撞板，日日被人斬」、「眼紅兼眼

---

4 同前註，頁 93。

坦，行路仆到喊」、「呼吸唔暢通，肺癆兼中風」…… 如果嫌光是口講不夠狠毒，你可以要求打手在小人紙上放置鐵釘和刀片再打 …… 如果嫌看別人幫你打小人不夠解氣，你更可以要求親自落手 ……

從佛洛伊德理論的角度來看，難怪「打小人」獲選為亞洲安慰心靈的最佳事物之一！

廿三

四積陰功 五讀書

宜 利他 無私 博愛
忌 自私 功利 貪婪

其實，如果讀者對中國文化、宗教、哲學等知識有一定程度的認識，你或者會對所謂「一命，二運，三風水，四積陰功，五讀書」的格言有意見。若然一個人果真相信「積陰功」是有用的，其實這「一命，二運，三風水，四積陰功，五讀書」的排序就應該轉一轉。

佛經《三世因果經》有云：「欲知前世因，今生受者是。欲知來世果，今生作者是」。一個人若相信「因果報應」，那麼他亦應該相信人的命、人的運，以及人的遭遇都受到「因果」影響。《三世因果經》中又有一首偈這樣說：「富貴貧窮各有由，夙緣分是莫強求。未曾下得春時種，坐守荒田望有秋。」一個人「命」和「運」的因，正是那人以往善惡業的果。是以，這句格言就應以「積陰功」為首。

佛經《賢愚因緣經》之中就有一個著名的老婦賣貧的故事。故事大約指從前有一位老婦為人婢女。主人家刻薄成性，動輒鞭打僕役。老婦衣不蔽體，食不果腹，生活得十分痛苦。一日，她拿着瓶子到河邊取水，期間感懷身世，苦不堪言，便放聲大哭。此時，迦旃延尊者來到老婦面前，問老人家因何痛哭。老婦向尊者訴說了自己的苦惱，尊者便教她賣貧及賣貧之法。當中包括以淨水佈施供僧、受持齋戒、憶念佛的種種功德、恭敬而慇勤地做事、不要生嫌恨心等。老婦命終之後，立即投生忉利天 [1] 為天女，脫離貧困飢餓之苦。如果光

1　忉利天，根據《佛光大辭典》，又作三十三天。於佛教之宇宙觀中，係帝釋天所居之天界。

是考慮故事的結尾，我們見到有一位新的天女在忉利天誕生了。然後，我們就慨嘆祂的「命」真好，一出生就是天人了，我們跟祂的「命」真難可與之相比。之後，又說一句「果然係一命二運三風水！好命真係最重要！」那不是本末倒置嗎？

也許，甚麼尊者、甚麼天人、甚麼忉利天對讀者來說有點陌生，但又想了解多一點甚麼是「積陰功」以及「積陰功」的功效，筆者建議讀者可以找一段〈世界奇妙物語：來世不動產〉的短劇來看看，我授課時說明「善業」、「惡業」、「無記業」與「多期生命」的關係時展示過給學生看，他們的反應都很好！〔劇透注意！如果想親自觀看此劇的朋友可跳至下一頁〕

故事大約指男主角在病床上死去，他再一次醒來的時候發現自己在一片草原上。草原上只有一棟小房子，上面掛着「不動產」的招牌。男主角進入了那棟房子之後，環顧店內的裝潢果然像一間不動產的店舖一樣。四周貼滿了不同的「樓盤」資料，不同的是那些「樓盤」有公司社長、熊貓、魚、蛇等。此時，店中的銷售員向男主角介紹這些「樓盤」都是來生靈魂寄居的房子。至於男主角能購買到哪個「樓盤」，當

中決定性的因素是他這一生因好行為和壞行為而累積的分數。銷售員嘗試從電腦調查出男主角的積分。中性的行為例如洗了 31,390 次臉是不影響積分的；壞的行為例如亂拋垃圾 358 次、踩到螞蟻 675 次、偷舔心儀女生豎笛 8 次等則算負分。好的行為例如幫助被欺負孩子 8 次則算加分。最後，因為累積的分數不高，男主角只好選＿＿＿＿＿（各位自己看吧）為下一世的靈魂寄居之所。

假如我們都接受「積陰功」的重要性，大家就趕快地多做好事吧！

「做好事」面面觀

也許很多人在一生人中至少會問自己一次：「為甚麼我要做好人？」做好人就是讓人得益處嘛！然而，這樣做又於我何益呢？

心理學家對於人們「做好事」的原因曾經作出多方面的探討和分析。首先，不要輕看自己，即使我們不是聖人，我們一生之中利他行為的次數可不少，當中主要的受眾為我們的親人。有心理學家採納進化論的觀點，認為生物的主要目標是讓自己的基因遺傳下去。故此，人們往往對於自己

的下一代都會做出利他行為。以這套邏輯
進行推論，即使不是自己的後代，人們亦
應該會與自身基因有緊密聯繫的個體做出
利他行為。心理學家伯恩斯坦（Burnstein,
E.）曾經做過一項研究，調查受訪者在日
常生活情境及生死尤關情境中幫助他人的
傾向。研究結果與以上提及的邏輯吻合，
即是：需要幫忙的對象在血緣上愈親近，
人們就愈有可能出手幫助。

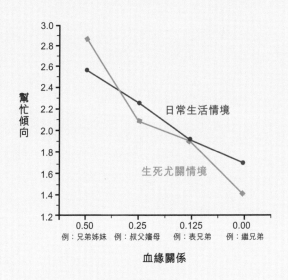

或有讀者質疑，有時候我們在報章上偶爾
會見到捨己救人的英雄，那些獲救的人跟
救人的英雄都沒有甚麼關係，那麼，我們
又應該怎樣解釋他們的行為呢？有部分心
理學家（如泰弗士 Trivers, R. L.）嘗試以
「互惠性」去說明利他行為的出現。人與人

之間之所以做出利他行為，是希望其他人也會一樣，對我做出利他行為。泰弗士嘗試藉動物行為的觀察印證此說。他指出不少的雀鳥都會為鄰居站崗放哨，牠們亦期望在獵食者出現的時候，鄰居會為自己一家發出警告訊號。

以上研究指出「利他行為」的動機似乎比較「功利」，當中不是有利於基因的保存，就是希望得到別人的回報。近年來，有學者從「佛教諮商」的角度指出「做好事」有助提升一個人的心理健康。Ariyabuddhiphongs, V.（2009）用問卷調查的方式收集了 400位佛教信徒的數據，研究所得指出能「累積善業」的好行為，對於宗教正義感及生活滿意度均有正面影響 [2]。從一些泰國的學者（Liamputtong, P., 2012[3]; Balthip, Q.

2 Ariyabuddhiphongs, V. (2009). Buddhist belief in merit (punna), Buddhist religiousness and life satisfaction among Thai Buddhists in Bangkok, Thailand. *Archive for the Psychology of Religion*, 31, 191-213.

3 Liamputtong, P.; Haritavorn, N. & Kiatying-Angsulee, N. (2012). Living Positively: The Experiences of Thai Women Living With HIV/AIDS in Central Thailand. *Qualitative Health Research*. 22(4): 441-451

et al., 2013[4]）進行的訪問中見到，有一些不幸染上了絕症的受訪者表示，因為他們相信做善事可以減輕現世及來世的惡業，以期獲得更好的人生，所以他們仍積極地去做善事。例如，有一位感染 HIV 病毒的泰國女性在訪談中說：

因為我先前種下的惡業，所以我患上了這種疾病並在當中受了很多苦。在我身處當地寺廟的僧侶告訴我，如果我想有一個更好的生活，不再受這樣的痛苦，我必須在此生、在現在做很多好事。我便一直在這樣做。我現在經常積累善功德。每當我看到貧窮的人，我便會給他們一些錢。即使我沒有很多錢，我依然想幫助人們。對我來說，這是一種積累善功德的方法。（Liamputtong, P. et al, 2012; 446）

不要輕看「做好事」的效能！在這些受訪者的心目中，「做好事」正是他們的救生

---

4 Balthip, Q.; Petchruschatachart, U.; Piriyakoontorn, S. & Boddy, J. (2013). Achieving peace and harmony in life: Thai Buddhists living with HIV/AIDS. *International Journal of Nursing Practice*. 19 (Suppl. 2): 7-14.

圈。「因果業報」是他們理解世界及自身經歷的重要觀念。他們現在身患危疾，那是由於昔日種下的種種惡因成熟並報於現前。因此，掌握未來的不二法門就是當下盡力為善，種下種種的善因以期改善未來。有了這種信念令他們行為上更為主動和積極，心理上更為樂觀和健康。「做好事」在他們身上體現的最終不只是一味的利他，而是既自利又利他。

因此，筆者覺得除非你本來就不認同甚麼「命」、「運」、「風水」和「積陰功」之事，否則這句格言的次序應該要轉一轉而成為：「一積陰功，二命，三運，四風水……」！

廿四

宜 正信 客觀 求真

忌 迷信 愚昧 誤解

四 應用

阿彌陀佛 vs 聖誕老人

行文至此，大概到此書的尾聲了，希望各位讀者會喜歡拙作。已經到了結尾，容讓筆者學別人寫一個 conclusive remark 章吧！

各位讀者之所以會從書架上選擇此書，相信你們對玄學、宗教、命理都感興趣吧？近現代有關宗教、玄學、命理的「知識」真的可謂五花八門。

風水命理的近年發展

就以宗教為例，世界上其實存在着你想像不到的宗教。早在 2003 年 2 月的時候，《愛爾蘭時報》[1] 已經報道指英國有 40 萬人口聲稱自己的信仰是「絕地武士主義」（Jediism）[2]。2005 年 1 月，有人因為想諷刺某些宗教教派而嘗試創立「飛天意粉神教」（Pastafarianism）。到了 2017 年，台灣成為亞洲地區首個認可「飛天意粉神教」的地方[3]。除了這類新創的宗教外，也有人仍信奉十分古老的原始宗教。例如，在 2021 年的英國人口普查中，有 8,000 人自稱為薩滿信仰（Shamanism）的信徒。更有趣的是，在 2011 年的人口普查數據之中，薩滿信仰只有 650 個信眾[4]。

---

1 Reuters (2003). 400,000 say beliefs are 'Jedi'. By *The Irish Times* website: https://www.irishtimes.com/news/400-000-say-beliefs-are-jedi-1.348866. 瀏覽日期：2024 年 4 月 28 日。

2 「絕地武士」來自電影《星球大戰》。

3 生活中心（2017）。〈感恩讚嘆！「飛麵神教」註冊宗教團體　台灣成亞洲第一〉。ETtoday 新聞雲網址：https://www.ettoday.net/news/20170923/1016939.htm#ixzz8YgrqtYIn. 瀏覽日期：2024 年 4 月 28 日。

4 Roskams, M. (2022). Religion, England and Wales: Census 2021. By Office of National Statistics Website: https://www.ons.gov.uk/peoplepopulationandcommunity/culturalidentity/religion/bulletins/religionenglandandwales/census2021. 瀏覽日期：2024 年 4 月 28 日。

玄學方面在近年發展更是超乎想像。當筆者仍是小孩的時間，我聽到的鬼故事就是有關鬼的故事嘛！鬼，就是人死後的靈魂嘛！可是，近年聽鬼故的時候，當中的複雜程度令我以為自己在上物理學的課了。甚麼鬼是一種能量、甚麼撞鬼是人和鬼之間的頻道相應、甚麼人鬼之殊途在於身處的空間維度不同……其實，我聽鬼故事、看恐怖電影都不過想求個刺激感……近年我竟然試過聽鬼故事、看有嘉賓分享恐怖經驗的電視節目期間而悶到睡着了……

風水命理方面也不遑多讓。以前我仍是小孩時，在年頭也會跟爸爸媽媽到這裏拜拜、那裏拜拜，然後年尾再到年頭去過的地方酬謝神恩。偶爾有一兩年兩老覺得諸事不順而去找個師傅作一作法，但我記得一次在廟裏進行，一次在道堂進行。現在打開電視看有關風水命理的節目，你完全明白甚麼叫「全球化」。以往我爸媽想找個人處理一下風水命理問題，不是廟裏的算命先生，就是道場裏的堂主。現在聲稱自己從事這個行業的人，有的說自己是巫師，有的說自己是靈性導師。以往做些甚麼儀式，大概也是添點香油錢、上上香、燒些紙製品而已。現在處理風水命理的問題，一時又水晶陣，一時又海鹽淨化法，

一時又燒鼠尾草，一時又燒秘魯聖木。風水發展都可以用來教 globalization 了⋯⋯

阿彌陀佛 vs 聖誕老人

可能因為筆者本人的人生比較不平坦（已經講得好客氣⋯⋯詳情可參考拙作《都市傳說全攻略》頁 223-224 ㄒ．ㄒ），我做人做事都相當保守。以前陪老婆煲劇，劇中有一個角色形容他父親的性格是「外面的雨下得大些，他便不敢出門，害怕被雨點砸破了頭」，我竟然覺得有點像形容我。我這種保守謹慎的思維方式同樣出現在我的宗教選擇上。

> 以上只是隨便舉幾個例子，這些事件在我的人生之中比皆是。總括我的經驗，我打趣地向朋友說：「如果有上一世，我一定是一位神明，一位專責降災禍的神明。轉世為人之前得罪了整個 department 的同事，現在正接受前同事們的貼身照料。」因此，我是絕對不敢親身挑戰任何都市傳說的，以免倒霉人再添晦氣。

（《全攻略》頁 224）

我仍然是孩子的時候，聞得爸爸「契」了大聖爺做義父，家中神櫃也有大聖爺的神像。那時，我就想「爸爸為甚麼會拜大聖爺，卻又不拜唐三藏呢？拜徒弟不如拜師傅吧？」不久我又覺不妥：「唐僧師徒有甚麼問題都找觀音菩薩求救。其實爸爸跟觀音菩薩上契不是更穩妥嗎？」當然，我只敢把這些疑問都藏在心裏，不然又會給爸爸以「古靈精怪」、「無禮貌」、「嘻皮笑臉」等為由被「藤條炆豬肉」[5] 了。長大以後，面對五花八門的宗教信仰選擇，甚麼新時代運動、甚麼靈性修行、甚麼水晶靈修⋯⋯我都傾向以「正統」宗教為依歸。事實上，「正統」宗教這麼多人信而又歷史悠久，好像更有信心保證。

在成為學者之後，筆者更是發現正統宗教確實經得起考驗，有時候那些考驗簡直是超乎你想像。以筆者自己的研究為例，我曾經和同事一起進行了一項茶禪活動對大學生心理健康影響的研究。研究運用了混合質性和量性的研究方法進行，包括問卷調查、焦點小組訪談和文件分析法。從問卷調查收取回來的數據顯示，參與茶禪活動的學員在心理功能、正向人際關係及正

5　粵語「藤條炆豬肉」的意思是用雞毛撣子去抽打孩子，意指「體罰」。

向情緒三大範疇均有提升。從訪談和文件分析法收取回來的數據得知，茶禪活動令學員放鬆的方法並不是單純的「休息 → 放鬆」，而是「專注茶藝 / 專注自身感受 → 心無旁騖 → 忘記煩惱 → 獲得放鬆」的模式。這明顯跟正念禪修的原理有一致的地方 [6]。

香港大學近年有一項研究令筆者真的感到萬分佩服，我未試過閱讀一份學術論文猶如閱讀一本小説一樣地感到有趣和新奇。未知各位讀者有沒有在街上見過一些長者手上執住一串念珠，然後口中唸唸有詞的在唸呢？如果你對佛教有一點認識，你大概會知道他們正在唸佛號。可是，你或者會懷疑這樣做有甚麼用？你甚至會懷疑這樣做到底是否有用？

香港大學研究助理教授高峻岭博士與他的研究團隊在 2017 年發表了一份有趣的論文 [7]，能夠回應以上的問題。他們的研究採

6　潘啟聰、歐陽晧江（2022）。〈茶禪活動對大學生心理健康影響之研究〉。《人間佛教　學報・藝文》第 42 期，頁 116-145。

7　Gao J, Fan J, Wu BW, Halkias GT, Chau M, Fung PC, Chang C, Zhang Z, Hung YS, Sik H. Repetitive Religious Chanting Modulates the Late-Stage Brain Response to Fear- and Stress-Provoking Pictures. *Front Psychol*. 2017 Jan 10;7:2055. doi: 10.3389/fpsyg.2016.02055. PMID: 28119651; PMCID: PMC5223166.

用了實驗研究法去研究唸佛號的效果。實
驗人員找來一些佛教徒作為參加者。實驗
人員將他們分為 3 組，一組唸誦「聖誕老
人」，一組唸誦「阿彌陀佛」，另一組則保
持寧靜（不唸誦任何名字）。實驗過程要求
參加者觀看一些圖片（包括中性及恐怖圖
片），並一邊依其所分配的組別進行唸誦
「聖誕老人」、唸誦「阿彌陀佛」或不唸誦
任何名字。在整個實驗過程中，實驗人員
會用腦電圖以及核磁共振進行腦掃描，目
的是測量腦部反應以收集研究所需數據。
研究結果顯示，唸誦「阿彌陀佛」能引發
正面情緒從而對抗了負面情緒，這是唸誦
「聖誕老人」不可比擬的。

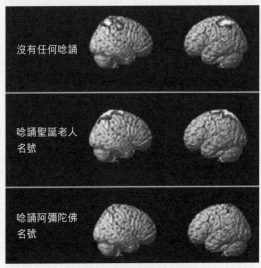

圖中顯示唸誦阿彌陀佛名號明顯減低腦頂葉對實驗圖片
的反應。（資料來源：Gau J）

研究人員亦指出同樣的情況也許會出現在其他的宗教信仰中。論文中舉出有研究顯示，有天主教徒在見到聖母瑪利亞的影像時身體的疼痛感會減低[8]。其後，高博士在一次訪問中表示：「這個研究揭示信仰對人類心理狀態的深遠影響。信仰，無論是宗教信仰還是對某種理念的秉持，能構架某種內在的精神支柱，它可以在困難時刻保持內心的穩定狀態，對抗世間的壓力和挑戰，並且帶來希望。」[9]

在這書最後一章，筆者希望以「迷信不如正信」作結，希望各位讀者找到你們的精神支柱，成為你們人生有力的支持！

----

8 Wiech,K.,Farias,M.,Kahane,G.,Shackel,N.,Tiede,
   W.,andTracey,I.(2008). An fMRI study measuring
   analgesia enhanced by religion as a belief system.
   Pain 2, 467-476. doi: 10.1016/j.pain.2008.07.030
9 張文欣（2023）〈專訪：港大「聖誕老人」相關
   腦科學香港人實驗　驚恐反應咁做會消失？〉來
   自東張＋網頁：https://www.mytvsuper.com/tc/
   scoopplus/healthcare/health/8037462638285/%
   E5%81%A5%E5%BA%B7%E9%86%AB%E7%
   BE%8E-%E5%B0%88%E8%A8%AA%F0%9F%
   8E%85%F0%9F%8F%BB%E6%B8%AF%E5%A
   4%A7-%E8%81%96%E8%AA%95%E8%80%8-
   1%E4%BA%BA-%E7%9B%B8%E9%97%9C%E8
   %85%A6%E7%A7%91%E5%AD%B8%E9%A6%
   99%E6%B8%AF%E4%BA%BA%E5%AF%A6%E9
   %A9%97-%E9%A9%9A%E6%81%90%E5%8F%
   8D%E6%87%89%E5%92%81%E5%81%9A%E6
   %9C%83%E6%B6%88%E5%A4%B1- 瀏覽日期：
   2024 年 4 月 29 日。

# 後記

每一次寫後記，筆者都會感謝許多人。或者
會有讀者問，這是不是一種慣例，有如影片
謝幕一般。其他人的後記我不知道，至少我
寫的後記沒有人告誡過我一定要寫甚麼，否
則就不能出版下一本書了。我想表達的謝意
都是我由衷而發的。

首先，我想多謝這本書的另一位作者，我的
師兄施志明博士。由《香港都市傳說全攻
略》算起，這是我們合作的第四本書了。
我是全職當學界的人，寫作幾乎算是我工作
的一部分。施博則不一樣，在忙碌的全職
之中，還抽時間一起寫了這幾本書，我心裏
實在感激。另外，我想多謝我一眾的編輯朋
友們。事實上，這本書由構思主題、動筆寫
樣章、草擬目錄到真正通過選題都經過一番
波折。即使不是自己公司出版也願意在同行
朋友間為此書探消息、引薦、轉介，我由衷
地向這些朋友表達謝意（不知道公開名字會
不會為他們引來麻煩，我就不逐位在此道謝
了。一切在心中！v(￣ ︶ ￣)y）。當然，我
必需要多謝萬里機構以及負責此書的編輯朋
友 Danny，他一直費心跟我們溝通和處理稿
件，實在是此書能夠面世的重要原因。

此書的創作靈感源於施博。有一次我們在電台錄完訪問，施博與我在咖啡室閒聊時提到他之前讀過的一本書，那就是白玉石居士的《命相騙術大全》。他跟我說：「你看一看此書！他講的根本就是心理學嘛！」我回家後找來閱讀了一遍，書中內容果然幾乎都是把心理學的理論 —— 更具體是社會心理學 —— 如何付諸實行的建議。之後，我們再通電話，確認這題目可以作為下一本書的主題，這就是創作此書的緣起了。此書除了主題上不是鬼故事，大致上保留了我們一貫的風格和核心精神 —— 以輕鬆的手法去談及學術性議題，有如科普讀物般將作者懂得的知識進行推廣。書的前半部分是歷史篇，主要講解風水命理理論之歷史原由及演變；書的後半部分是心理篇，主要講解人面對風水命理之事時的心理。

此書的完成委實不易。撰寫此書的難度在於筆者本身對於風水命理之理論不太熟悉，我都是一邊寫作一邊學習。另外，我又怕講得太專門而令此書欠趣味性，於是，我便想到以常見的問題入手去設計各章節。例如，為甚麼我們在電視劇中常聽到「睇相佬」會見人就說「來來來！過來免費贈你幾句，至多唔靈唔收錢喇！」呢？如果他真的說得不夠準確，那麼他又賺甚麼呢？又例如，為甚麼風水在內地一邊這麼盛行，一邊我們又會如

此警惕「風水佬」這行業？說甚麼「風水佬呃你十年八年」呢？又例如，同樣是被視為「迷信」的行列，為甚麼拜土地、拜灶君、拜七姐在年青一代逐漸式微；而風水師傅這一行卻持續地風山水起呢？以上這些問題，此書會嘗試一一為讀者解答。

由風水、睇相、占卜、命理開始，本書最後兩章更嘗試跳出框框，談一談宗教和靈性的事。中國人之間流傳一句格言「一命，二運，三風水，四積陰功，五讀書」。筆者大膽挑一挑機，要指出此格言有需要修正一下次序。在書的最後一章，筆者嘗試觸及「阿彌陀佛 vs. 聖誕老人」之戰，從而帶出正信宗教在人的生命中可以扮演十分重要的角色！

最後，我最希望多謝的是我的家人。我的太太和我那兩個寶貝女一直都是我靈感的泉源和工作的動力。

潘啟聰

著者
施志明、潘啟聰

責任編輯
梁卓倫

裝幀設計
鍾啟善

排版
辛紅梅

出版者
萬里機構出版有限公司
香港北角英皇道 499 號北角工業大廈 20 樓
電話：2564 7511　　傳真：2565 5539
電郵：info@wanlibk.com
網址：http://www.wanlibk.com
http://www.facebook.com/wanlibk

發行者
香港聯合書刊物流有限公司
香港荃灣德士古道 220-248 號荃灣工業中心 16 樓
電話：2150 2100　　傳真：2407 3062
電郵：info@suplogistics.com.hk
網址：http://www.suplogistics.com.hk

承印者
寶華數碼印刷有限公司
香港柴灣吉勝街 45 號勝景工業大廈 4 樓 A 室

出版日期
二〇二四年七月第一次印刷

規格
特 32 開（210mm×120mm）